a arte perdida da intercessão

Dados Internacionais de Catalogação na Publicação (CIP)
(Câmara Brasileira do Livro, SP, Brasil)

Goll, James W.

A arte perdida da intercessão: restaurando a chama da intercessão profética e da Vigília do Senhor / James W. Goll; tradução Marson Guedes. — São Paulo: Editora Vida, 2009.

Título original: *The Lost Art of Intercession.*
ISBN 978-85-383-0134-9

1. Oração — Cristianismo 2. Oração de intercessão — Cristianismo I. Título.

09-05857

CDD-248.32

Índice para catálogo sistemático:

1. Intercessão pela oração : Prática religiosa : Cristianismo 248.32
2. Oração como intercessão : Prática religiosa : Cristianismo 248.32

JAMES W. GOLL

a arte perdida da intercessão

Restaurando a chama da intercessão proférica e da Vigília do Senhor

Vida

EDITORA VIDA
Rua Conde de Sarzedas, 246 — Liberdade
CEP 01512-070 — São Paulo, SP
Tel.: 0 xx 11 2618 7000
atendimento@editoravida.com.br
www.editoravida.com.br
@editora_vida /editoravida

A ARTE PERDIDA DA INTERCESSÃO
Originally published in the USA
Destiny Image Inc, Shippensburg, PA
under the title *The Lost Art of Intercession* (Revised)
Copyright © 2007 by James W. Goll
USA

Todos os direitos desta edição em língua portuguesa reservados e protegidos por Editora Vida pela Lei 9.610, de 19/02/1998.

É proibida a reprodução desta obra por quaisquer meios (físicos, eletrônicos ou digitais), salvo em breves citações, com indicação da fonte.

■

Exceto em caso de indicação em contrário, todas as citações bíblicas foram extraídas de *Nova Versão Internacional* (NVI)
© 1993, 2000, 2011 by International Bible Society, edição publicada por Editora Vida. Todos os direitos reservados.

Todas as citações bíblicas e de terceiros foram adaptadas segundo o Acordo Ortográfico da Língua Portuguesa, assinado em 1990, em vigor desde janeiro de 2009.

■

Editor responsável: Sônia Freire Lula Almeida
Editor-assistente: Gisele Romão da Cruz
Tradução: Marson Guedes
Revisão de tradução: Lena Aranha
Revisão de provas: Polyana Lima
Diagramação: Claudia Fatel Lino
Capa: Arte Peniel

As opiniões expressas nesta obra refletem o ponto de vista de seus autores e não são necessariamente equivalentes às da Editora Vida ou de sua equipe editorial.

Os nomes das pessoas citadas na obra foram alterados nos casos em que poderia surgir alguma situação embaraçosa.

Todos os grifos são do autor, exceto indicação em contrário.

1. edição: set. 2009
1. reimp.:   out. 2011
2. reimp.:   nov. 2015
3. reimp.:   fev. 2017
4. reimp.:   fev. 2019
5. reimp.:   out. 2022

Esta obra foi composta em *Adobe Garamond* e *Pristina*
e impressa por Promove Artes Gráficas sobre papel
Pólen Natural 70 g/m² para Editora vida.

Sumário

Agradecimentos 7

Testemunhos 9

Prefácio 13

Introdução 17

CAPÍTULO 1 Restaurando a chama dos morávios 19

CAPÍTULO 2 Restaurando a chama do altar 31

CAPÍTULO 3 Restaurando o papel sacerdotal da intercessão 45

CAPÍTULO 4 Restaurando a arte de fazer valer sua causa 66

CAPÍTULO 5 Restaurando a Vigília do Senhor 86

CAPÍTULO 6 Restaurando o caminho que sai da oração e chega à presença do Senhor 105

CAPÍTULO 7 Restaurando a casa de oração para todos os povos 122

CAPÍTULO 8 Restaurando a expectativa quanto ao sobrenatural 141

CAPÍTULO 9 Restaurando o MEA (Ministério da Equipe Apostólica) 167

CAPÍTULO 10 O dia da vigília é chegado 188

Sobre o autor 207

Agradecimentos

Ao longo dos anos, tive o grande privilégio de ser impactado por alguns dos principais mestres e gerais da oração. As contribuições que fizeram a minha vida foram abundantes e insubstituíveis. Mas é aos "pequenos mordomos" que devo minha maior gratidão. Agradeço ao Senhor por todos esses servos, pessoas que se sacrificaram, que ajudaram a manter meus braços levantados enquanto nos mantínhamos firmes na carreira que nos foi proposta.

Também fui abençoado com uma família que me abençoou para ser tudo o que posso ser em Deus, para ser o vaso singular que Deus me criou para ser. Quero agradecer a minha família — especialmente a meus pais, Wayne e Amanda Goll, que recentemente partiram para estar com o Senhor. Obrigado por marcarem minha vida com o espírito de oração ao nosso Rei.

Testemunhos

"Neste livro residem autoridade e poder porque ele surgiu de uma vida que antes fez para depois ensinar. Finalmente essas joias, preciosas e forjadas, estão aí diante de nós. Encha seus olhos e deixe essas verdades mudarem seu viver! Prepare-se para viajar em novas dimensões de intercessão e de adoração na sua vida, tanto a pessoal quanto a comunitária."

WESLEY TULLIS
Diretor do Manna Relief
Dallas, Texas

"Entre as pessoas que conheço, James Goll é uma das mais apaixonadas, a mais dedicada à intercessão profética e a mais zelosa com as coisas de Deus. Seus ensinos foram muito úteis para mim, e sei que serão muito edificantes para aqueles que lerem este livro."

RANDY CLARK
Global Awakening Team Leader
Harrisburg, Pensilvânia

"Se você quer ser consumido no altar de Deus, se quer ter o coração alargado para todos os propósitos de Deus em nossa geração, então você se beneficiará deste livro. O salmista diz que Deus põe sua confiança naqueles que o temem. O Senhor confia coisas diferentes a pessoas diferentes, e assim precisamos uns dos outros para nos completar. James W. Goll teme o Senhor e o Senhor lhe confiou algumas coisas das quais eu necessitava. Você também precisa delas."

Dr. DON FINTO
Pastor, Caleb Company
Nashville, Tennessee

"James Goll causou um impacto relevante na minha vida pessoal e na vida de pessoas da Harvest Rock Church. Ele é um homem que ouve o que Deus fala e tem caráter para obedecer ao que ouve. Recomendo firmemente o que ele tem a dizer sobre a urgência e a arte da intercessão neste momento crucial."

CHE AHN
Doutor em ministério
Pastor sênior da Harvest Rock Church
Fundador da Harvest International Ministries
Pasadena, Califórnia

"Conheço James Goll há mais de vinte e cinco anos, e tenho apreço pela paixão que ele tem por Jesus, pelo dom da intercessão e da profecia. Durante seis anos Jim foi diretor da Escola do Espírito no Grace Training Center, em Kansas City, e suas aulas estavam entre as preferidas de nossos alunos."

MIKE BICKLE
Diretor, International House of Prayer
Kansas City, Missouri
Autor de *Passion for Jesus* [Paixão por Jesus]

Testemunhos 11

"Não se consegue dizer tudo do último acréscimo de James Goll ao arsenal de livros profundos, porém práticos, a respeito da oração. *A arte perdida da intercessão* não é um tratado árido e acadêmico sobre a oração. Não! O livro pulsa com vida profética, cheio de visitações angelicais, visões e milagres. É simplesmente um material repleto de empolgação! Além disso, conhecendo James e Michal Ann como conheço, essas histórias não são meras repetições de segunda mão da experiência de outras pessoas. Antes, são visitações em primeira mão, como aquelas dos tempos bíblicos. Já ouvi muitas pessoas falando e ensinando sobre a oração, mas James Goll é um dos melhores até agora. Não deixe este livro passar em branco."

WESLEY e STACEY CAMPBELL
Cofundadores do Revival Now! Ministries
Kelowna, British Columbia, Canadá

" 'Somos epístolas escritas que são lidas por todos os homens'. O que dá credibilidade a este livro não são apenas as percepções quanto ao ministério de intercessão, mas também o autor. James não é um iniciante, é um guerreiro experimentado. Seus escritos não são compilações feitas por um pesquisador. Antes, são lições aprendidas nas trincheiras da experiência. James vive a vida de um intercessor — leia e siga seu exemplo."

DAVID RAVENHILL
Professor
Lindale, Texas
Autor de *For God's Sake, Grow Up!*
[Pelo amor de Deus, cresça!]

Prefácio

Em janeiro de 1995 o Senhor nos disse: "Faça vigília comigo". Em resposta a isso convidamos cerca de 20 pessoas a participar de uma "vigília noturna", das 22 horas de uma sexta-feira às 6 horas do dia seguinte, deixando de dormir por motivos espirituais. Esperamos em Deus, cultuando e adorando, e tomamos a ceia do Senhor por meio do corpo e do sangue de Jesus. Desde então, não deixamos mais essa prática às sextas-feiras. Celebramos a vigília com a presença de até 4 mil vigias. Grupos de vigília agora estão brotando aqui e no exterior. Nós estamos no meio de uma visitação renovada que está manifestando a glória do Senhor!

A oração é a espinha dorsal da Igreja. Deus restaura nossa genética espiritual enquanto permanecemos em vigília. Estamos experimentando uma dimensão nova da comunhão com o Senhor. Ele está redefinindo a compreensão que temos da oração.

O Senhor está pronunciando uma palavra nova a respeito de um mundo velho. A palavra velha é: "Ore!". A palavra nova é: "Ore em comunidade!". O Senhor está abrindo nossos olhos para esta verdade simples: *nos domínios do espírito, a oração é o ponto em que tudo começa e termina.* É aí que tudo se realiza. A oração é o verdadeiro código genético da Igreja. Temos sofrido o efeito de

14 A ARTE PERDIDA DA INTERCESSÃO

outros genes mutantes, cuja evolução nos afastou do verdadeiro propósito que Deus tem para seu Corpo. *Mas, sem oração, nada do que Deus fará se tornará realidade.*

Fazer vigília é um componente histórico de todos os ministérios e reavivamentos de vulto. Um trecho tirado do diário de John Wesley de 1739 traz:

> Sr. Hall, Kinchin, Ingham, Whitefield, Hutchins e meu irmão Charles estavam presentes em nossa celebração amorosa em Fetter Lane, com cerca de 60 de nossos irmãos. Mais ou menos às 3 da madrugada, enquanto nos mantínhamos firmes na oração, o poder de Deus desceu vigorosamente sobre nós, visto que muitos clamavam por uma alegria transbordante, e muitos caíram no chão. Tão logo conseguimos respirar um pouco depois daquele assombro, daquela intensa perplexidade reverente diante de sua majestade, nós irrompemos em uma só voz dizendo: "Nós te louvamos, ó Deus, reconhecemos que tu és o Senhor!".[1]

Joel e o povo de Israel, Wesley, os morávios e outros grupos foram os precursores da oração que dura uma noite toda. Eles prepararam o terreno e plantaram as sementes, que são a intenção do coração de Deus para a oração comunitária. Agora Deus está regando as sementes do reavivamento e levantando seus vigias para fazer a colheita por meio da oração.

Um dos servos de vigília que o Senhor levantou é Jim Goll. Tem sido um privilégio meu e de Bonnie ter um envolvimento

---

[1] **The Works of John Wesley**. Jackson, edição reimpressa. Kansas City: Beacon Hill Press, 1979. p. 170. Disponível em: <http://wesley.nnu.edu/wesleyan_theology/theojrnl/31-35/32-2-3.htm#nine>.

muito próximo com Jim e Michal Ann Goll durante muitos anos. Adoramos a fome apaixonada que eles têm por ver surgir uma geração de guerreiros de oração.

Em fevereiro de 1996, em uma conferência em que nós dois ministramos, fiz um chamado para que "os vigias assumissem suas posições no muro". Obviamente, um dos primeiros da fila era meu querido amigo Jim Goll. Ele estava de pé na minha frente, como um soldado esperando suas ordens, e o Espírito Santo se manifestou dentro de mim. Fiz a seguinte proclamação: "Você é chamado para ser general na Vigília do Senhor!". Naquela época, mal sabia que Jim seria usado para escrever o livro *A arte perdida da intercessão*. É com muita alegria que recomendo a leitura deste livro.

Como vigias do Senhor, nós nos posicionamos nas brechas e fazemos vigílias noturnas, pedindo libertação e reavivamento para nosso povo, os países e o mundo. Nossa esperança é que você se junte a nós nos muros da oração, mantendo a Vigília do Senhor.

MAHESH CHAVDA

All Nations Church
Charlotte, Carolina do Norte

Introdução

Você tem fome de ver um reavivamento autêntico na terra? O seu coração arde com a paixão de ver Jesus recebendo as recompensas de seu sofrimento? Você quer realizar as obras de Cristo? Então, se for esse o caso, Deus tinha você em mente quando me instigou a escrever *A arte perdida da intercessão*.

Preciso dizer desde já que estou determinado a contaminá-lo com uma doença santa, com uma obsessão de justiça. Espero que você fique *viciado na oração*! Creio que Deus quer ver uma geração inteira de pessoas humildes, com atitude sacerdotal, levantando-se com paixão e unção e apegando-se a Deus assim como ele se apegou a essas pessoas. Quero desesperadamente ver esse sonho se tornar realidade.

Pela graça de Deus, o manuscrito original de *A arte perdida da intercessão* tocou a vida de milhares ao redor do mundo, e tem sido uma das ferramentas que ajudam a acender o maior dos movimentos globais de oração que a Igreja já viu.

Enquanto você lê estas linhas, Jesus Cristo, continuamente, intercede por você e pela Igreja diante do Pai. *E ele o convida a ter a mesma atitude.* De acordo com Romanos 8.34 e Hebreus 7.25, esse ministério de intercessão é contínuo, ininterrupto.

Jesus, nossa obsessão magnificente, é o mais excelente defensor (advogado de defesa, representante e mediador) diante do Pai. Ele se posicionou entre nós e nosso pecado, e permanece como o intercessor que se posiciona entre nós e Satanás, nosso arqui-inimigo. Ele pessoalmente se identificou com nosso estado totalmente depravado e tomou sobre si os pecados de todas as gerações humanas. Então Jesus, o Cordeiro de Deus sem mácula ou culpa, carregou nosso pecado até a cruz e o removeu para sempre. Ele morreu a morte de um homem culpado para que fôssemos livres. Ele fez tudo!

Jesus quer que eu e você nos unamos a ele na presença do Pai. Você se juntará a ele nessa "trilha menos percorrida"? Ele busca em toda a terra aventureiros espirituais que buscarão e escavarão tesouros perdidos, tesouros santos. Você está disposto a pagar o preço de ajudar a restaurar a glória de Deus no mundo? Você quer vir comigo? Então siga na leitura, alma valente. Este livro foi escrito exatamente para você.

JAMES W. GOLL

Encounters Network
Autor de *O poder profético da visão*,
The Lost Art of Practicing His Presence
[A arte perdida de praticar a presença de Deus],
Dream Language [Linguagem do sonho]
e muitos outros.

CAPÍTULO I

Restaurando a chama dos morávios

Assim como o Ezequiel da Antiguidade se sentou no vale cheio de ossos secos, também estamos sentados em um grande cemitério, cheio de tumbas que marcam o lugar de descanso de centenas de santos morávios. Esses guerreiros de oração, quase esquecidos por muitos, foram precursores de algumas das obras missionárias mais ricas e ousadas na história da Igreja. Mas, nesse dia, tudo estava em silêncio.

Levados até lá em missão profética, em uma tarde agradável em fevereiro de 1993, 19 intercessores, incluindo minha esposa e eu, fizeram uma pausa para orar antes de terminar a andança pelo cemitério. Nossa intenção era chegar à torre de oração feita de madeira que sobranceava o cemitério e a vila morávia de Herrnhut, localizada na fronteira sudeste da Alemanha, cruzando a Polônia e a República Tcheca. Estava sentado no cemitério durante aquele momento de oração melancólica, e o Senhor falou a meu coração: "Filho do homem, esses ossos podem voltar à vida?".

E respondi com a mesma resposta de Ezequiel, dada milhares de anos antes de mim: "Ó Soberano Senhor, só tu o sabes".

Momentos mais tarde, deixamos o cemitério e subimos a colina até a torre de oração. Depois de destrancar a porta, subimos por uma escadaria em espiral que levava a um mezanino no topo da torre de vigia morávia. Olhando de lá, conseguíamos enxergar bem além das fronteiras da Alemanha ocidental, avistando as fronteiras da República Tcheca com a Polônia, mas alguma mão invisível parecia tirar nossa atenção da mera observação da paisagem. Nós nos reuníamos mais ou menos em círculo e podíamos sentir a densidade e a profunda expectativa crescendo dentro do coração. Algo estava prestes a acontecer.

Conclamamos os ventos da unção de Deus, e esse vento estava soprando em nosso meio.

Percebemos que ele carregava consigo a mesma unção que uma vez Deus derramara sobre os guerreiros de oração morávios do século XVIII!

Repentinamente, todas as pessoas na torre foram tomadas por um espírito de intercessão que nos arrastava, algo diferente de tudo que tínhamos experimentado antes. Orávamos e nos afligíamos, gemendo debaixo da óbvia influência do Espírito Santo. Então, um vento forte repentinamente soprou na torre onde estávamos, levando chapéus e lenços com sua força. Todos sabíamos que esse fenômeno natural era uma manifestação externa de um movimento poderoso causado pelo Espírito de Deus.

Como se fôssemos um, fomos tomados por uma agonia profunda e suspirada. Sabíamos o que estava acontecendo. Tínhamos viajado dezenas de milhares de quilômetros como equipe, e tínhamos experimentado provisão e orientação incríveis durante toda a

Restaurando a chama dos morávios   21

viagem para cumprir a ordem do Espírito Santo. Nossa missão era buscar a Deus para receber a unção do espírito de oração que uma vez repousou sobre o conde Nikolaus Ludwig von Zinzendorf e sobre a comunidade de fé dos morávios. Agora, assim como o profeta Ezequiel conclamou os ventos de Deus no capítulo 37, nós conclamamos os ventos da unção de Deus, e esse vento estava soprando em nosso meio. Percebemos que ele carregava consigo a mesma unção que uma vez Deus derramara sobre os guerreiros de oração morávios do século XVIII!

Quando o vento se acalmou, ficamos à espera. Nossa missão estava completa? Terminou tão rapidamente quanto começou? De alguma maneira, todos sabiam que, no tocante a nós, Deus ainda não tinha terminado. Mais tarde, isso se confirmou, mas naquele momento tínhamos a sensação da mulher em trabalho de parto, estávamos na calmaria entre "contrações". Repentinamente, fomos espontaneamente impactados, como se fôssemos uma só pessoa, por um espírito de agonia mais intenso. Um segundo vento começou a silvar pelo vale e subiu até o mezanino da torre de oração onde nos encontrávamos. Percebi que esse segundo vento tinha trazido uma nova onda de fé e unção para cumprir o mandado santo de soprar o espírito da oração sobre as nações.

Imediatamente tive a sensação de algo acendendo dentro de mim, de que Deus queria levantar a "casa de oração para todos os povos" em 120 cidades, assim como ele soprou seu Espírito sobre os 120 guerreiros de oração no dia do Pentecoste (veja Mateus 21.13; Atos 2). Partindo dessas 120 cidades de oração, Deus pretendia cobrir a terra com sua glória.

Quase tudo na minha vida me conduziu a esse encontro divino com Deus em Herrnhut. Eu sabia que o restante dos meus dias seriam

22 A ARTE PERDIDA DA INTERCESSÃO

influenciados por aquilo que exalou naquele dia, em uma torre acima dos túmulos do conde Von Zinzendorf e dos irmãos morávios.

Três fios da verdade

O que os cristãos em Herrnhut tinham que nós hoje não temos?

Muito antes de pisar no território da República Tcheca pela primeira vez (anteriormente parte da Tchecoslováquia), tinha lido livros e artigos descrevendo a comunidade cristã costumeiramente chamada de "morávios". A história deles está entremeada com a vida e o ministério de alguns dos líderes mais importantes da Igreja nos grandes despertamentos e reavivamentos que transformaram a sociedade ocidental no século XVIII. Aprendi que Deus deu a eles "três fios" em torno dos quais teceram sua vida, e esses fios ajudaram os morávios a mudar o mundo:

1. **Eles viviam em unidade relacional, em comunidade espiritual e em vida sacrificial.**

2. **O poder de sua oração persistente produziu paixão e zelo missionários para alcançar os perdidos.** Muitos deles chegaram a se vender como escravos e ir a lugares como o Suriname na América do Sul. Assim puderam levar a luz do evangelho até sociedades fechadas. Os morávios foram os primeiros missionários aos escravos de São Tomé e Príncipe nas Ilhas Virgens, foram a lugares como Lapônia, Groenlândia e a muitos outros da África.

3. **O terceiro fio descreve-se com o lema que guiava a vida deles: "Ninguém trabalha a menos que alguém ore".** Isso tomou forma em um compromisso comunitário de oração constante e ministração ao Senhor. Essa oração prosseguiu

Restaurando a chama dos morávios 23

ininterruptamente, durante 24 horas por dia, sete dias por semana, todos os dias de cada ano durante mais de cem anos!

A vigília de oração dos morávios, que durou mais de cem anos, e suas proezas missionárias marcaram um dos movimentos mais puros na história da Igreja e mudaram radicalmente a expressão do cristianismo em sua época. Muitos líderes de hoje têm a impressão de que praticamente todos os empreendimentos missionários dos séculos XVIII e XIX — independentemente da filiação denominacional — faziam, de maneira muito real, parte dos frutos do culto sacrificial dos morávios e de sua oração intercessória profética. A influência que eles exerceram continua sendo percebida até hoje. Está claro que o Senhor está planejando aumentar essa influência uma vez mais.

Assim como os 120 cristãos — aqueles que ficaram à espera no cenáculo em Jerusalém durante o Pentecoste — foram "batizados com fogo" pelo Espírito Santo da promessa, da mesma maneira aqueles que respondem ao chamado de Deus de ficar à espera diante de sua face também serão batizado com um fogo santo. O grupo de cristãos que se ajuntou em Herrnhut para buscar seus sonhos de liberdade religiosa se encontrava em estado muito semelhante ao de muitos cristãos de hoje. Eles tinham históricos religiosos muito diversos. Durante os cinco primeiros anos de existência comunitária após a comunidade ser fundada em 1722, eles passaram por contendas, dissensões e discórdias. Não eram melhores nem piores do que eu e você, mas eles assumiram um compromisso com Jesus Cristo e com a oração, o que os transformou para sempre. Eles começaram a ter pensamentos tão grandes quanto os de Deus, e a sentir um zelo pelos perdidos semelhante

24   A ARTE PERDIDA DA INTERCESSÃO

ao de Deus. Receberam uma fé sobrenatural para encarar os desafios que, em muitos casos, custaram-lhe a liberdade ou a própria vida. Ainda assim, eles faziam tudo com fidelidade e alegria.

Os morávios mudaram o mundo porque deixaram Deus mudá-los. Deus quer mudar o mundo de novo e ele está olhando para mim e para você. Você está disposto a buscar a mesma chama que inspirou os cristãos morávios há dois séculos?

A alegria e a confiança serena que os morávios exibiam diante da adversidade e da morte são lendárias.

> O conde Von Zinzendorf ensinou os morávios a ser os trovadores de Deus: eles primeiro olhavam para a cruz e se regozijavam, pois encontraram nela algo que cobriu todos os pecados. Certa vez, Zinzendorf declarou: "Somos o povo alegre do Salvador...". Os morávios foram chamados de "povo da Páscoa", e talvez nenhum outro corpo de cristãos tenha sido tão enfático na hora de expressar sua adoração ao Cordeiro ressurreto.[1]

O encontro de Wesley

A primeira vez que John Wesley se deparou com os morávios foi durante uma viagem pelo oceano. A influência deles estava destinada a transformar para sempre sua vida e, em última análise, ajudar a lançar o grande despertamento que varreu toda a Inglaterra e a América! Rick Joyner, que é escritor e mestre profético, publicou recentemente um livro intitulado *Three Witnesses* [Três testemunhas], que descreve a obra miraculosa dos morávios e também o efeito particular exercido sobre John Wesley:

---

[1]   LEWIS, Anthony J. **Zinzendorf the Ecumenical Pioneer**. London: S.C.M. Press, 1962. p. 73-74.

Restaurando a chama dos morávios

Durante janeiro de 1736, Wesley estava em um navio que ia para os Estados Unidos, e havia diversos missionários morávios a bordo. Ele se sentiu desafiado pela profunda seriedade e humildade que eles mostravam ao realizar as tarefas mais servis para outros passageiros, tarefas que nenhum dos passageiros ingleses faria. Quando lhes ofereciam um pagamento, eles rejeitavam, dizendo que "era bom para o coração orgulhoso que eles tinham", e que "o Salvador amoroso tinha feito mais coisas por eles". Alguns dos passageiros foram terrivelmente abusadores, chegando a ponto de bater neles ou derrubá-los com pancadas, mas eles nunca reagiam nem sequer levavam isso a mal.

Muitos pensavam que esses missionários alemães eram covardes até que uma tempestade se abateu sobre o navio. Quando a vela principal rompeu ao meio e o mar começou a entrar no navio, os ingleses entraram em pânico, e seus gritos eram ainda mais altos do que a barulhada da tempestade. No entanto, os morávios ficaram sentados, calmamente cantando seus hinos. Mais tarde, quando perguntaram a um dos morávios se tinha ficado com medo durante a tempestade, ele respondeu: "Graças a Deus, não". Então perguntaram se sua mulher e filhos tinham ficado com medo, e ele respondeu: "Não, nossas esposas e filhos não têm medo de morrer". Wesley registrou isso em seu diário e acrescentou:

"Deixei-os [os morávios] e me dirigi a seus vizinhos em pranto e tremor e lhes mostrei a diferença na hora do julgamento, entre aqueles que temem a Deus e aqueles que não o temem. Ao meio-dia o vento amainou. Esse foi o dia mais glorioso que tinha vivido até então".[2]

Wesley sabia que não possuía aquilo que vira naquele povo simples e de fé — o povo morávio. John Wesley era um pastor

---

[2] JOYNER, Rick. **Three Witnesses**. Charlotte, NC: Morningstar Publications, 1997. p. 56.

ordenado, mas sequer tinha recebido Cristo como Salvador. Ele ficou irresistivelmente atraído pela confiança dos morávios diante da morte iminente. Sabia que não tinha o que os morávios tinham e decidiu que queria ter isso, fosse o que fosse.

A chama dos cristãos morávios parecia aumentar a fome por Deus onde quer que estivessem. Essa fome só poderia ser saciada em um encontro com o Deus vivo a quem eles serviam. Quisera Deus que todo cristão, missionário e pastor de hoje andasse, trabalhasse e cultuasse com a mesma chama que os morávios carregavam consigo para inúmeras culturas e cidades!

Deus se levantou para acender mais uma vez essa chama, só que, dessa vez, ele quer vê-la flamejar entre culturas e continentes inteiros mediante seu Corpo, a Igreja. Enquanto você lê estas palavras, o Espírito de Deus está acendendo corações ao redor do mundo, colocando cristãos de joelhos e pecadores diante da cruz. Ele se levantou para cobrir a terra com a glória do Pai, mas ele recebeu a incumbência de fazer isso mediante a vida transformada de seres humanos decaídos que foram redimidos pelo sangue de Jesus Cristo, o Cordeiro de Deus.

John Wesley era um pastor ordenado, mas sequer tinha recebido Cristo como Salvador.

Ele ficou irresistivelmente atraído pela confiança dos morávios diante da morte iminente.

Sabia que não tinha o que os morávios tinham e decidiu que queria ter isso, fosse o que fosse.

Houve um acontecimento envolvendo Arão, o sacerdote, e a chama de Deus, que descreve um peso que se adensa no meu

Restaurando a chama dos morávios 27

coração por causa deste livro e por causa da obra de Deus nesta geração. Está relatado em Números 16:

> E o SENHOR disse a Moisés: "Saia do meio dessa comunidade para que eu acabe com eles imediatamente". Mas eles se prostraram, rosto em terra; e Moisés disse a Arão: *"Pegue o seu incensário e ponha incenso nele, com fogo tirado do altar, e vá depressa até a comunidade para fazer propiciação* por eles, porque saiu grande ira da parte do SENHOR e a praga começou". Arão fez o que Moisés ordenou *e correu para o meio da assembleia.* A praga já havia começado entre o povo, mas Arão ofereceu o incenso e fez propiciação por eles. *Arão se pôs entre os mortos e os vivos,* e a praga cessou. Foram catorze mil e setecentos os que morreram daquela praga, além dos que haviam morrido por causa de Corá". (v. 44-49)

Arão é a própria figura do intercessor. Quando a congregação de Israel pecou ao se rebelar contra seus líderes, Deus enviou seu juízo em forma de uma praga que matou quase 15 mil pessoas. Um número bem maior de pessoas teria morrido, mas Moisés disse a Arão, o sumo sacerdote, que colocasse rapidamente fogo do altar de Deus dentro do incensário. Então Arão literalmente saiu correndo para o meio da congregação levando o fogo de Deus. As Escrituras dizem que Arão "se pôs entre os mortos e os vivos". A fumaça aromática que subia do incensário em brasas, à medida que Arão a balançava para trás e para a frente, formava um linha demarcatória entre dois grupos — os mortos e os vivos.

Quais são as aplicações para hoje?

O que isso significa para nós? Participei de um culto da igreja ortodoxa russa, tentando compreender melhor os princípios dessa passagem do Antigo Testamento. A palavra *chantre* se refere a um sacerdote que ora e entoa melodias. Se algum dia você já ouviu um canto gregoriano entoado com poder e unção, então sabe como é belo e absolutamente incrível o cântico do chantre. O chantre tem um incensário, um recipiente, uma vasilha que é preenchida com incenso. Durante a ministração, ele libera continuamente uma fragrância e uma fumaça adocicadas que enchem o santuário. Muitas vezes, esse chantre-sacerdote se veste com emblemas reais e insígnias sacerdotais enquanto anda entre o povo com seus instrumentos de sacrifício (o incensário e o incenso). Lembro-me do chantre ortodoxo russo cantando salmos em exaltados louvores: "O Senhor é bom, e sua misericórdia dura para sempre".

Depois ouvi o povo dizendo em uníssono: "Amém. O Senhor é bom, e sua misericórdia dura para sempre. Amém".

O que vi no culto ortodoxo é aquilo que acredito ser uma descrição muito precisa do que Arão fez. Entretanto, no dia da crise, quando Arão chegou muito perto da *shequiná*, a presença de Deus no Santo dos Santos, para pegar o fogo do altar, creio que ele foi consumido pelo zelo do Senhor dos Exércitos e se tornou um radical!

É o que Deus quer fazer comigo e com você, e com todos os que clamam pelo nome do Senhor. Ele quer quebrar o poder da intimidação na nossa vida e expulsar o espírito do medo que rejeita e evita o desconhecido. Meu amigo Paul Cain, um dos proeminentes estadistas proféticos de nossos dias, certa vez disse que "um de nossos problemas é que, de tanto medo de atear fogo na mata, não acendemos nenhum fogo". Deus quer que seu reino de reis e sacerdotes novamente pegue a chama de sua presença e saia em disparada com zelo santo na direção de pessoas necessitadas. Tudo o que você tem a fazer é encontrar um "altar" onde o fogo de Deus esteja aceso, junto com um suprimento abundante de incenso adocicado. Ele quer transformar nossa geração por meio de sua glória *shequiná*, assim como ele transformou Arão.

> *Deus quer que seu reino de reis e sacerdotes novamente pegue a chama de sua presença e saia em disparada com zelo santo na direção de pessoas necessitadas.*
>
> *Tudo o que você tem a fazer é encontrar um "altar" onde o fogo de Deus esteja aceso, junto com um suprimento abundante de incenso adocicado.*

Deus quer usar mais do que Moisés ou Arão hoje. Um dos aspectos singulares da Igreja da Nova Aliança é que Deus autorizou e ordenou *todos os cristãos* a fazerem a obra do ministério! "Gente de ponta", ou líderes na igreja, não pode fazer tudo. De fato, a função principal de existirem, de acordo com o apóstolo Paulo, é "preparar os santos para a obra do ministério, para que o corpo de Cristo seja edificado" (Efésios 4.12). Deus quer um exército inteiro de trabalhadores realizando a obra vital do ministério e edificando seu Corpo, a Igreja.

A praga de Números 16 foi refreada porque Arão ficou na brecha. Esta é a definição clássica de um intercessor: "aquele que fica na brecha em favor de outro". Arão ficou na brecha em favor de sua geração, e a praga foi refreada. Há uma praga maligna à solta hoje em nossas igrejas, cidades e países. Agora o Senhor conclama um povo de sacerdotes a se levantar e levar pessoalmente a chama santa de sua presença para a própria geração, em favor da salvação deles e da glória de Deus.

Quem ficará na brecha?

Permita-me trazer o assunto para mais perto de você: Deus quer colocar de tal maneira o Espírito sobre você que sua resposta à convocação que ele faz será um retumbante: "Sim, ficarei na brecha em favor de minha geração, aqui e agora. Deixarei de lado qualquer intimidação patética e qualquer embaraço piegas da religião. Farei diferença ao tomar voluntariamente a cruz de um intercessor. Largarei minha vida em favor de outras pessoas diante de Deus".

Deus está restaurando o fogo antigo que, uma vez, inspirou os morávios a lançar o que, naqueles dias, foi a maior campanha missionária depois do livro de Atos. Ele está restaurando seu fogo para mim e para você nesta geração, pois ele quer fazer sua colheita. O primeiro passo começa com a restauração da chama no altar de Deus.

Aqui estou, Senhor! Usa-me! Como Isaías em tempos passados, eu me rendo ao chamado do meu Mestre. Como a palavra do Senhor que veio a Ezequiel, eu declaro: "Pela graça, ficarei na brecha em uma época como esta". Como Ana e Simeão no templo, na época de consagrar Jesus no oitavo dia, eu digo "serei teu intercessor profético". Aqui estou — bem aqui — neste exato momento. Escreve meu nome em teu livro e dá a mim a incumbência de fazer parte da Vigília do Senhor. Em favor de Jesus Cristo e das recompensas de seu sofrimento. Amém e amém!

CAPÍTULO 2

Restaurando a chama do altar

Mantenha-se o fogo continuamente aceso no altar;
não deve ser apagado. (Levítico 6.13)

Há muitos anos, o Senhor me chamou em separado, a fim de passar com ele quase um mês de "reclusão solitária". Seu propósito estava claro: ele queria me colocar em uma vigorosa "atitude de Maria" para que eu conseguisse ouvir com clareza aquilo que queria me dizer.[1] Naquela época eu não me dei conta, mas as palavras que ouviria ao fim daquelas semanas de oração em isolamento lançariam parte do fundamento para meu ministério durante o restante da década, e também para este livro. Descobri, mais tarde, que ele também estava dizendo a mesma coisa para outros membros de seu Corpo ao redor do mundo.

---

[1] A "atitude de Maria" é a postura singela adotada na adoração por aqueles que anseiam por Jesus, quando se assentam aos pés dele, tendo-o como único ponto de interesse. Essa postura está em contraste com a postura de "Marta". Marta ficava se ocupando com os detalhes das tarefas, e ela se caracteriza por distração, preocupação e cuidados. Ficar atarefada dessa maneira a impediu de ouvir as palavras de Jesus e de ver a sua face (veja Lucas 10.38-42).

32 A ARTE PERDIDA DA INTERCESSÃO

Cancelei meu itinerário de viagens e fui para um lugar bem longe de um telefone (a voz que eu queria ouvir não precisava de telefone nem de *e-mail* para falar comigo). Durante aquele período, passei horas preciosas esperando no Senhor, e ele me abençoava vez após vez enquanto me sentava a seus pés e ouvia cada palavra. Ao final da minha oração de consagração, o Espírito Santo me deu uma ordem vinda do trono do Pai: "É tempo da *chama do altar*".

Fui acordado de noite alguns meses atrás e, por duas horas, fiquei tomado por oito expressões que iam e vinham na minha mente enquanto eu buscava a face de Deus: "Altares chamejantes... a brasa e o altar... altares flamejantes... altares em labaredas... o altar e a chama... altares afogueados... altares em chamas". A expressão que mais me impressionou foi "brasas do altar". Não me dei conta disso na época, mas era uma citação precisa de um trecho de Levítico 6.9, que diz: "Dê este mandamento a Arão e a seus filhos, a regulamentação acerca do holocausto: Ele terá que ficar queimando até de manhã sobre *as brasas do altar*, onde o fogo terá que ser mantido aceso".

---

*O conde Zinzendorf sabia que as brasas sobre o altar significavam
a oração dos santos, e considerava essa Palavra uma ordem literal
para restaurar a oração ininterrupta diante do Senhor.*

*A história da Igreja nunca mais seria a mesma e, portanto,
a história mundial também não o seria.*

Quatro versículos depois, segue-se uma ordem sucinta: "Mantenha-se o fogo continuamente aceso no altar; não deve ser apagado" (Levítico 6.13). De acordo com o professor universitário Leslie K.

Restaurando a chama do altar   33

Tarr, foi esse o versículo que o conde Von Zinzendorf recebeu do
Espírito Santo em 1727, e que inspirou a incrível vigília dos morávios, iniciada naquele ano e a qual durou cem anos.[2] O conde percebeu que esse texto se referia ao altar do sacrifício, mas ele também
entendeu que essa função sacerdotal do Antigo Testamento, envolvendo fogo e sacrifícios, carregava uma importância bem maior e
duradoura para este lado da Cruz. O conde Zinzendorf sabia que
as brasas sobre o altar significavam *a oração dos santos*, e considerava
essa Palavra uma ordem literal para restaurar a oração ininterrupta
diante do Senhor. A história da Igreja nunca mais seria a mesma e,
portanto, a história mundial também não o seria.

Uma das fraquezas que noto em muitas igrejas estado-unidenses é uma profunda ignorância — que às vezes beira o desdém —
em relação às Escrituras do Antigo Testamento. Não é de admirar
que poucos cristãos estado-unidenses compreendam o livro aos
Hebreus, ou saibam que as muitas referências a Jesus Cristo têm
origem no Antigo Testamento. Qualquer um que anseie andar em
intimidade com Deus precisa acolher *toda* a Palavra, incluindo
os livros do Antigo Testamento. A revelação recebida pelo conde
Von Zinzendorf, que veio do livro de Levítico, é um exemplo importante de como Deus consegue usar sombras e tipos originários
do Antigo Testamento, seus relacionamentos e condutas, para nos
iluminar sobre sua maneira de operar hoje.

Arão, o sumo sacerdote, recebeu instruções de Moisés no capítulo 16 de Levítico. Por essas instruções, antes que pudesse passar

---

[2] Tarr, Leslie K. A Prayer Meeting That Lasted 100 Years. **Decision**. Billy
Graham Evangelistic Association, maio 1977. Usado com permissão.

pelo véu que separava o Lugar Santo do Lugar Santíssimo (ou *Santo dos Santos*), ele deveria ministrar em dois locais no pátio externo e três dentro do lugar chamado Santo. Em primeiro lugar, ele oferecia um sacrifício de sangue no altar de bronze. Depois disso, vinha a lavagem cerimonial das mãos na bacia. Depois de passar pelo véu e entrar no Lugar Santo, o sacerdote se aproximava do candelabro (que tinha sete braços de ouro), da mesa com os pães da proposição e do altar de ouro para o incenso, que ficava bem em frente ao véu interno. Passando o véu, ficava o Lugar Santíssimo onde estava a arca da aliança. A arca tinha uma tampa, chamada de propiciatório, que tinha dois querubins nas extremidades. Esse era o lugar da comunhão — o lugar onde a presença de Deus se manifestou e sua glória foi dada a conhecer.

O calendário profético de Deus

Em termos comunitários, em que ponto nos encontramos na programação profética de Deus? Os pontos de culto no tabernáculo de Moisés descrevem com perfeição a obra progressiva de Deus para aperfeiçoar sua Noiva na terra. A reforma protestante restaurou as verdades espirituais representadas pelo altar de bronze e pelo sacrifício de sangue oferecido ali. Essa compreensão simples, porém profunda, da justificação mediante a fé no sangue de Cristo é o ponto de partida para uma jornada que nos leva à presença de Deus.

Na década de 1800, John Wesley e o movimento Holiness ajudaram a recuperar as verdades espirituais da bacia: o lugar da purificação e da santificação. Na virada do século, o reavivamento pentecostal voltou a enfatizar o poder e os dons do Espírito, como representados no candelabro (ou os sete braços de ouro).

Restaurando a chama do altar 35

Sessenta anos depois veio a renovação carismática que salientou a comunhão no partir do pão conforme exposto na mesa com os pães da proposição.

Talvez hoje, com o plano de Deus progressivamente se desdobrando, nós nos encontremos ministrando no altar do incenso. Por representarmos o sacerdócio dos santos no Novo Testamento, estamos balançando para a frente e para trás o incensário de louvores e orações que sobem até o Altíssimo. Hoje estamos coletivamente diante do altar do incenso, e a hora de acender o incenso chegou!

Um acontecimento transformador de vida

Em janeiro de 1993, viajei para a República Tcheca com um grupo de intercessores para nos juntarmos ali na "cristificação" do novo país para o Senhor. Enquanto ficava na plataforma em frente à Dan Drapal Christian Fellowship, de Praga, uma série de palavras parecia invadir minha mente: "Você já considerou a dimensão multidirecional da oração?". Essa frase captou minha atenção, mas não tive tempo para refletir nela, pois, para mim, era hora de pronunciar minha frase seguinte. Foi quando as palavras "Lembre-se, o que sobe tem de descer!", irromperam na minha consciência. O que o Senhor estava tentando me dizer? Que a oração tem mais do que uma direção? Rapidamente meus pensamentos foram levados a Apocalipse 8.3-5:

> Outro anjo, que trazia um incensário de ouro, aproximou-se e se colocou em pé junto ao altar. A ele foi dado muito incenso para oferecer com as orações de todos os santos sobre o altar de ouro diante do trono. E da mão do anjo subiu diante de Deus a fumaça do incenso com as orações dos santos.

> Então o anjo pegou o incensário, encheu-o com fogo do altar e lançou-o sobre a terra; e houve trovões, vozes, relâmpagos e um terremoto.

Comecei a enxergar. *Aquilo que sobe de fato desce!* Nossas orações surgem de dentro de nossa humilde habitação terrena e vão para um destino celestial. Os anjos, trabalhando como assistentes no altar, pegam os incensários e os enchem com muito incenso (as orações dos santos). Os anjos se tornam chantres celestiais, balançando para a frente e para trás nossas orações e louvores diante do nosso Senhor. Depois eles pegam os incensários, enchem-nos com o *fogo do altar* e o lançam de volta sobre a terra. O que se segue é a operação de sinais e maravilhas, à medida que é lançado na terra aquilo que foi mandado para o alto.

Uma dessas "maravilhas" especificada em Apocalipse 8 são os relâmpagos. Não é impressionante? Quase um ano depois, Deus me deu outra peça do quebra-cabeça em um sonho poderoso que tive em Toronto, Ontario. Relacionava-se ao "fogo que descia" na equação divina em que tudo "aquilo que sobe tem de descer". Eu estava dirigindo pela segunda vez a "Conferência do fogo sobre o altar" na Vineyard Fellowship, em Cambridge, nos arredores de Toronto, em dezembro de 1993. Era a última noite, estava alojado no quarto de hóspedes que ficava no subsolo da casa pastoral e, no meu sonho, vi centenas de relâmpagos consecutivos que desciam dos céus, dividiam-se e caiam sobre uma área extensa. Não havia pessoas nem palavras faladas, somente essa chuva brilhante de relâmpagos atingindo continuamente a terra.

Não sei a que horas, mas, em algum momento naquela noite, acordei do sonho e percebi que o quarto estava cheio daquilo que

Restaurando a chama do altar 37

chamo de "o destino de Deus". Então, com os olhos bem abertos, vi letras grandes, com quase um metro de altura, suspensas no quarto formando "Jó 36.32". Simplesmente fiquei em silêncio no quarto. Depois de algum tempo, acendi a luz e peguei minha Bíblia. Fiquei perplexo, com o coração palpitante, por causa do versículo 32 e dos versículos seguintes.

> Ele [Deus] enche as mãos de relâmpagos
> e lhes determina o alvo
> que deverão atingir.
> Seu trovão anuncia a tempestade
> que está a caminho;
> até o gado a pressente.
> Diante disso o meu coração
> bate aceleradamente
> e salta do seu lugar.
> Ouça! Escute o estrondo da sua voz,
> o trovejar da sua boca.
> Ele solta os seus relâmpagos
> por baixo de toda a extensão do céu
> e os manda para os confins da terra. (Jó 36.32—37.3)

Deus enche as mãos de *relâmpagos* e os lança, determinando o alvo que eles atingirão. Embora essas palavras sejam de Eliú, é certo que elas se harmonizam com a descrição do fogo de Deus em Apocalipse 8.3-5. Posteriormente, descobri que a palavra traduzida por "determina o alvo" é *paga*. Essa mesma palavra é traduzida por "interceder" em Isaías 59.16, em que Deus se lamenta nesta passagem messiânica: "Ele viu que não havia ninguém, admirou-se porque ninguém *intercedeu* [paga]; então o seu braço lhe trouxe livramento e a sua justiça deu-lhe apoio".

38 A ARTE PERDIDA DA INTERCESSÃO

A intercessão libera a brilhante luz divina, ou relâmpago, para "acertar o alvo" na terra, direcionando o poder e a glória de Deus para as situações desejadas e obtendo resultados sobrenaturais! Um amigo me mandou um longo estudo sobre o relâmpago na Bíblia e sugeriu que o relâmpago é a Palavra de Deus ungida que sai da boca dos santos. Para ele, está implícito na Bíblia que, à medida que falamos a Palavra de Deus, ela sai da nossa boca como relâmpagos que intercedem e acertam o alvo, pondo em debandada os inimigos e trazendo o julgamento para as circunstâncias. A Palavra também expõe o coração dos homens e cumpre à perfeição qualquer tarefa que lhe for confiada. Sou obrigado a concordar que isso se harmoniza totalmente com a compreensão que tenho da Bíblia.

O poder da Palavra de Deus

Quando a Palavra de Deus é proferida, canais de água viva surgem no meio de desertos estéreis. A Palavra de Deus ilumina tudo, e nada pode estar fora de seu poder iluminador. Os poderes demoníacos tremem e se desfazem em sua presença. Quando a Palavra de Deus é proferida em fé e obediência, ela faz as pessoas ao redor enxergarem a glória de Deus.

Outra descrição dessa função dinâmica de *paga* é que a intercessão "pinta um círculo em volta dos alvos", e assim Deus consegue atingir áreas de necessidade com sua glória! Ele ajusta a "mira" nesses alvos e "acerta o alvo" com um relâmpago, ou "exibe sua presença radiante".[3] Temos o privilégio de pintar círculos em volta

---

[3] O termo "presença radiante" faz parte de outra visão relacionada com a "mais elevada arma da batalha espiritual". Trato disso em detalhes no

Restaurando a chama do altar 39

dos alvos em cidades, países, igrejas e pessoas, concedendo pontos de acesso àquele cujas mãos estão cheias de luz. Fazendo assim, estamos convocando a luz para sobrepujar as trevas.

Esse sonho do despejar contínuo de relâmpagos vindos dos céus aconteceu em dezembro de 1993, sete semanas antes do irrompimento do Espírito na comunidade conhecida naquela época como Toronto Airport Vineyard Christian Fellowship. Isso aconteceu depois que Deus enviou Randy Clark àquela comunidade. Daí em diante, a chuva da presença de Deus sobre aquela região tem sido contínua. A esposa de um pastor do Estado de Washington estava em um culto em Toronto, e "sob a influência" do Espírito Santo, a voz do Senhor sussurrou e lhe disse: "Lembra-se de todas as orações que você fez pedindo um avivamento? Este é o começo do avivamento". Desde então, até mesmo a imprensa secular tem descoberto as chamas de Deus bramindo em lugares como Toronto, no Canadá, Pensacola, na Flórida, Londres, na Inglaterra, e Pemba, em Moçambique, na África.

A intercessão "pinta um círculo em volta dos alvos", e assim Deus consegue atingir áreas de necessidade com sua glória!

Ele ajusta a "mira" nesses alvos e "acerta o alvo" com um relâmpago, ou "exibe sua presença radiante".

Não é somente impressionante e assombroso que nossas orações afetem o destino de pessoas e países, mas Deus também nos diz: "Alegrem-se por terem recebido o privilégio magnífico de ministrar

capítulo 6 deste livro, intitulado "Restaurando o caminho que sai da oração e chega à presença do Senhor".

40   A ARTE PERDIDA DA INTERCESSÃO

a mim nesse preciosíssimo altar celestial! Alegrem-se, pois o altar do incenso é o que fica mais próximo do meu coração". Ah, que dádiva e privilégio abençoados é a oração!

Mais do que qualquer outra coisa, oração é o convite que o homem envia na direção dos céus para a resposta de Deus ser lançada na direção da terra — o humano em intercâmbio com o celestial!

A passagem de 2Crônicas 7.1-3 descreve gloriosamente esse princípio:

> Assim que Salomão acabou de orar, desceu fogo do céu e consumiu o holocausto e os sacrifícios, e a glória do SENHOR encheu o templo. Os sacerdotes não conseguiam entrar no templo do SENHOR, porque a glória do SENHOR o enchia. Quando todos os israelitas viram o fogo descendo e a glória do SENHOR sobre o templo, ajoelharam-se no pavimento, rosto em terra, adoraram e deram graças ao SENHOR, dizendo: "Ele é bom; o seu amor dura para sempre".

Esse é o nosso anseio! Já vimos isso acontecer aqui e ali: em Smithton, no Missouri; em Sunderland, na Inglaterra; em Bogotá, na Colômbia; em Redding, na Califórnia; e depois em muitas outras cidades ao redor do globo. Mas, Senhor, precisamos de mais! Queremos ver a glória de Deus encher a terra. *Isso acontecerá por meio desse intercâmbio.* A oração sobe. O incenso sobe. A fumaça produzida pelo homem é uma sinalização que declara ao Altíssimo Comandante: "Envie seu fogo!". Então o fogo celeste que está no altar desce com estrondo, e a glória do Senhor enche sua casa mais uma vez. Aquilo que sobe tem de descer.

Que nós nos apresentemos no altar de Deus como culto de adoração espiritual (veja Romanos 12). Que ofereçamos sacrifícios

Restaurando a chama do altar **41**

contínuos de louvor e o incenso da oração. E que continuemos assim até os anjos pegarem os incensários, enchendo-os até a boca e lançando de volta o fogo do altar celestial para nossa habitação terrena.

E que o fogo do altar desça com ímpeto. Que os sacerdotes de Deus se prostrem diante dele. Que sua glória invada sua casa e se espalhe por ela até as pessoas clamarem: "Amém e amém!".

Seguindo as indicações do projeto

O projeto do Antigo Testamento para o tabernáculo de Moisés revela um padrão antigo e divino que marca a restauração metódica da verdade e da prática na história da Igreja. O tabernáculo era dividido em três áreas, e cada área estava equipada com mobílias específicas para propósitos específicos. O caminho até a presença de Deus exigia que o sumo sacerdote do Antigo Testamento se movesse de maneira progressiva do pátio externo para o pátio interno (o Lugar Santo) e, por fim, passasse pelo véu até chegar ao Santo dos Santos, ou Lugar Santíssimo. Esses três passos progressivos mostram um paralelo impressionante com o plano de restauração para a Igreja, a Noiva de seu Filho:

I. **O pátio interno — onde o pecador se achega a Deus precisando ser salvo**

    A. A Reforma Protestante (arrependimento e perdão: primeira estação do Cordeiro)

        1. Restauração do altar do sacrifício

        2. Restauração do sacrifício de sangue

        3. Restauração da justificação pela fé

42 A ARTE PERDIDA DA INTERCESSÃO

    B. O movimento Holiness (purificação e santificação: segunda estação do Cordeiro)

        1. Restauração da bacia de bronze

        2. Restauração da lavagem das mãos

        3. Restauração da purificação e santificação

II. O pátio interno — o Lugar Santo (reservado para os sacerdotes)

    A. O derramamento pentecostal (iluminação e unção: terceira estação do Cordeiro)

        1. Restauração do candelabro de ouro

        2. Restauração do acendimento e da manutenção da luz dos sete braços de ouro do candelabro

        3. Restauração do poder e dos dons do Espírito

    B. O derramamento carismático (a porção inteira do pão vindo de Deus: quarta estação do Cordeiro)

        1. Restauração da mesa dos pães da proposição

        2. Restauração dos 12 pães, representando as 12 tribos de Israel

        3. Restauração da comunhão em todo o Corpo de Cristo

    C. O movimento da oração (batalha espiritual e oração: quinta estação do Cordeiro)

        1. Restauração do altar do incenso

        2. Restauração do fogo continuamente aceso no altar

        3. Restauração da batalha espiritual e da oração

A hora do incenso chegou! O fato de o altar do incenso estar mais perto do véu que antecede o Santo dos Santos é uma referência à especificidade espiritual da oração, que é o ponto mais próximo do coração de Deus.

Talvez a "sexta estação" do Cordeiro seja o desvelar de uma Igreja inteira de reis e sacerdotes ministrando com ousadia ao próprio Deus dentro do Santíssimo — tendo uma visão completa do mundo não salvo, dos principados e dos poderes do ar. Isso representaria o cumprimento literal do antigo salmo de Davi, no qual ele afirmou: "o Senhor é o meu pastor; de nada terei falta [...]. [Tu, Deus] preparas um banquete para mim à vista dos meus inimigos" (veja Salmo 23).

Acho interessante notar que, se você fizer perguntas às pessoas nos cultos de batalha espiritual, elas falarão usando os mesmos termos, seja nos cultos da Harvest Rock Church, de Pasadena, seja na Holy Trinity Brompton Anglican Church, de Londres, no Grace Center em Franklin, Tennessee, ou em qualquer dos outros locais onde o Espírito de Deus está sendo derramado. Elas dizem que sentiram a glória e a presença de Deus exercendo um impacto irresistível. Essa é uma das maneiras de experimentar a "presença manifesta de Deus", que é exatamente como o Antigo Testamento descreve a presença que repousou sobre o propiciatório entre os querubins de ouro da arca da aliança nos dias de Arão! Meus amigos, o Deus de Abraão, Isaque e Jacó está vivo e ativo hoje. Ele se levantou para visitar seu povo ao sentar no trono de adoração e oração que fizemos para ele por meio da nossa oração, louvor, adoração e intercessão!

Às vezes, Deus rompe nossos "modelos teóricos de oração". Como se vê, ele não é um Deus estático. Ele não é um Deus domesticado, que se contenta em ficar dentro de uma caixinha teológica bem ajeitada ou restrito a paradigmas. De acordo com as Escrituras, quando ousamos nos aproximar dele, ele se aproxima de nós (veja Tiago 4.8)! Isso significa que, quando você vai em direção ao fogo consumidor de Deus, ele vai mover o fogo de sua

44   A ARTE PERDIDA DA INTERCESSÃO

presença para mais perto de você. Ou seja, eu e você vamos sentir o calor de Deus e ficar inflamados!

Seu coração está inflamado?

Pense nas qualidades do fogo. Na esfera natural, o fogo purifica, libera energia, ilumina e esquenta. Nas regiões espirituais, o fogo é visto como o poder de Deus para julgar, santificar, dar poder, inspirar, iluminar, revelar e aquecer o coração. É hora de nos aproximarmos do altar de Deus e alimentar as chamas de Deus em nosso coração. Existe outro tipo de reação divina quando fazemos subir fogo e incenso, outra reação além de disparar relâmpagos santos para a terra:

> Assim que Salomão acabou de orar, desceu fogo do céu e consumiu o holocausto e os sacrifícios, e a glória do SENHOR encheu o templo. Os sacerdotes não conseguiam entrar no templo do SENHOR, porque a glória do Senhor o enchia. (2Crônicas 7.1,2)

A restauração do fogo no altar não tem um fim em si mesmo. É apenas o primeiro passo de uma progressão na direção de nosso Deus amoroso. No passo seguinte, Deus quer virar nossos olhos e nosso coração para fora, de nós para as pessoas, com compaixão semelhante à de nosso grande Sumo Sacerdote e Principal Intercessor.

Eu quero arder com o fogo de Deus! Não me deixes ficar como estou. Quero ser consumido com o fogo de teu amor em favor de teu santo nome. Quero que meu coração arda com as coisas que fazem teu coração arder. Quero ser contado como uma nova Maria de Betânia. Que o Espírito de oração recaia sobre mim nesta hora! Faço esta oração no glorioso nome de Jesus!

CAPÍTULO 3

Restaurando o papel sacerdotal da intercessão

Vocês também estão sendo utilizados como pedras vivas na edificação de uma casa espiritual para serem sacerdócio santo, oferecendo sacrifícios espirituais aceitáveis a Deus, por meio de Jesus Cristo. (1Pedro 2.5)

Há muitos anos, eu estava ministrando em Phoenix, Arizona, quando uma visão tomou forma diante de mim. Vi uma lagarta que parecia estar tecendo algo e percebi que ela estava formando um casulo em torno de si. Quando chegou a hora de a lagarta finalmente romper a crisálida, teve de lutar sozinha para sair de seu útero de transformação. Apesar disso, enquanto a observava, a criatura lutava até finalmente emergir como uma borboleta totalmente formada, exibindo arranjos de cores brilhantes e iridescentes. Quando perguntei ao Senhor o que era aquilo, ele respondeu: "É a Igreja em metamorfose".

Quase todo mundo concordaria que, neste momento da história, a Igreja está mudando. Mas, se é que pretendemos algum dia alcançar a plenitude de tudo o que Deus profetizou que seríamos, então precisamos permitir que o Espírito Santo nos instrua e nos conduza até a habitação secreta do Deus Altíssimo. É ali em sua

46   A ARTE PERDIDA DA INTERCESSÃO

presença, isolados da influência do mundo, que somos transformados em outra dimensão e expressão de sua glória. *Todos* nós temos a missão divina de nos "confinarmos com Deus em um lugar secreto". Somos uma raça sacerdotal em transição. Somos chamados para nos apegarmos a Deus por meio de Jesus Cristo, e superarmos nossos impedimentos e distrações mundanas, para assim podermos cooperar com ele na realização de seus planos e propósitos. A vida cristã é uma vida de mudança, da metamorfose que sai do velho para o novo, de transformação de glória em glória à medida que buscamos a face de Deus no Lugar Santíssimo. Então emergiremos de nossa reclusão santa com arranjos feitos por sua glória iridescente, plenamente refeitos como expressões multifacetadas de seu amor, natureza e glória. Sabemos onde estamos e o que somos neste momento. Mas Deus tem um plano — o desenho de um projeto — que está seguindo em sua obra. Veja o que a Palavra de Deus diz que devemos nos tornar:

> Tu os constituíste reino
>> e sacerdotes
>> para o nosso Deus,
> e eles reinarão sobre a terra. (Apocalipse 5.10)

> Se pela transgressão de um só a morte reinou por meio dele, muito mais aqueles que recebem de Deus a imensa provisão da graça e a dádiva da justiça reinarão em vida por meio de um único homem, Jesus Cristo. (Romanos 5.17)

> Portanto, irmãos, rogo-lhes pelas misericórdias de Deus que se ofereçam em sacrifício vivo, santo e agradável a Deus; este é o culto racional de vocês. Não se amoldem ao padrão deste mundo, mas transformem-se pela renovação da sua mente, para que

Restaurando o papel sacerdotal da intercessão 47

sejam capazes de experimentar e comprovar a boa, agradável e perfeita vontade de Deus. (Romanos 12.1,2)

Se há uma coisa que eu poderia plantar no seu coração, seria esta: a oração não é uma atividade, também não é uma aplicação. É a vida que se encontra em uma pessoa. Tendo visto Jesus, tendo as vendas retiradas de seus olhos na glória de sua presença, suas atitudes em relação à oração serão totalmente mudadas! Essa coisa de orar, essa coisa de interceder, de ficar na brecha, de fazer apelos a um superior — tudo isso não é uma tarefa difícil! É uma alegria. Chama-se vida no Reino.

Os paralelos que existem entre as tarefas dos sacerdotes do Antigo Testamento que serviam no tabernáculo de Moisés e a missão dos santos de hoje são por demais importantes para serem ignoradas ou menosprezadas. Embora difira dramaticamente do tipo de sacrifício que oferecemos hoje, e os motivos que temos para oferecê-lo, ainda é proveitoso estudar o sacerdócio do Antigo Testamento. Podemos adquirir conhecimento e compreensão sobre a oração examinando as funções sacerdotais dos descendentes de Arão, pois essas funções foram instituídas pelo próprio Deus, como um tipo e sombra do sacerdócio mais elevado de Jesus Cristo e daqueles que o seguem.

Ao longo de qualquer estudo dos padrões existentes no Antigo Testamento, devemos lembrar que todo cristão é chamado para ser sacerdote do Senhor hoje. Essas atribuições não mais se restringem a somente alguns selecionados, e precisamos compreender que não existe nenhuma outra tarefa mais elevada que um cristão possa realizar do que orar! Essa é uma função de destaque do cristão-sacerdote de hoje.

Removendo as obstruções

Em setembro de 1991, eu estava ministrando em Nova York com Michal Ann, minha esposa, quando a presença do Espírito Santo repousou sobre mim certa manhã bem cedo. Comecei a ouvir claramente sua voz dizendo estas palavras para mim: "Vou conceder novos entendimentos sobre a identificação na intercessão, e assim serão removidos os direitos legais que os poderes demoníacos do ar têm para continuar agindo. Então, naquele momento, meu povo falará minha Palavra, e eu lançarei o inimigo por terra".

Mas o que é essa tal de "identificação em intercessão"? Creio que é uma arte perdida, e é um dos aspectos mais elevados, também mais negligenciados, da intercessão verdadeira. É a capacidade e a função de se identificar pessoalmente com as necessidades de outras pessoas, a ponto de você, em seu coração, tornar-se um com essas pessoas por meio do Espírito Santo. Ela se expressa quando nos identificamos com Jesus e seguimos seus passos, porque seus passos nos conduzirão para além das quatro paredes das igrejas, atingindo assim as ruas do mundo despedaçado das prostitutas, dos trapaceiros, dos fracassados, das pessoas destruídas e feridas — em outras palavras, alcançando pessoas reais com problemas reais. Jesus nos conduz a um sacerdócio genuíno no qual nós, à semelhança de nosso Mestre e Sumo Sacerdote, podemos ser tocados pelas enfermidades, tentações e conflitos de outras pessoas (veja Hebreus 4.15). A única maneira pela qual podemos *interceder* de maneira genuína e eficiente é com um coração compassivo, contrito e exasperado, fundamentado em um coração que pulsa intensamente com os sofrimentos de outros como se fossem seus. (Para aprender mais sobre o assunto da identificação em intercessão, por favor, leia o livro *Intercession*

Restaurando o papel sacerdotal da intercessão   **49**

— *The Power and the Passion to Shape History* [Intercessão — o poder e a paixão para moldar a história]).

Mediante a obra interna do Espírito da revelação, podemos nos identificar com os julgamentos justos de Deus que lhe pertencem por direito e justiça e, ainda assim, experimentar sua paixão abrasada por expressar sua graça e misericórdia. Nossos olhos serão abertos para a condição terrível das pessoas e dos pecados específicos que as impedem de chegar à cruz. Então, *ao escolher ser um com elas*, ao deixar de lado nossa posição em favor de outras pessoas, nosso coração sentirá o peso da responsabilidade, vindo do Espírito de Deus, para confessar com lamentos e fazer intercessões inexprimíveis em proveito deles. À medida que nós, de coração, confessamos ao Senhor, em nome das pessoas, nossos pecados, desonras, fracassos e humilhação, tiramos do caminho todo obstáculo colocado pelo inimigo. Assim, aqueles por quem nos esforçamos podem eles mesmos chegar-se à cruz em arrependimento e restauração.

Mas o que é essa tal de "identificação em intercessão"? Creio que é uma arte perdida, e é um dos aspectos mais elevados, também mais negligenciados, da intercessão verdadeira.

É a capacidade e a função de se identificar pessoalmente com as necessidades de outras pessoas, a ponto de você, em seu coração, tornar-se um com essas pessoas por meio do Espírito Santo.

Essa forma de intercessão é uma arte perdida em nossa sociedade moderna, voltada para o materialismo e para o sucesso. Essa forma eficaz de oração inclui confessar os pecados hereditários enquanto você fica na brecha como embaixador de seu grupo étnico, cidade, igreja ou, até mesmo, país. Precisamos de mais pessoas

50   A ARTE PERDIDA DA INTERCESSÃO

que tenham um coração como o do apóstolo Paulo, que escreveu sentindo a agonia de um intercessor verdadeiro:

> Digo a verdade em Cristo, não minto; minha consciência o confirma no Espírito Santo: tenho grande tristeza e constante angústia em meu coração. *Pois eu até desejaria ser amaldiçoado e separado de Cristo* por amor de meus irmãos, os de minha raça. (Romanos 9.1-3)

Que nós o busquemos por causa dessa operação mais profunda em nossa vida, para que *em nossos dias* o Senhor, Juiz de todos, nos encontre na brecha em favor da Igreja, de nosso país, dos necessitados e dos perdidos. Talvez a identificação na intercessão seja o casamento do espírito da revelação, descrito em Efésios 1.7,8, com o espírito de convencimento descrito por Jesus, que convence o mundo "*do pecado, da justiça e do juízo*" (veja João 16.8).

O Espírito Santo iluminou determinadas passagens das Escrituras com um entendimento renovado, à luz da palavra que recebi na cidade de Nova York, especialmente esta passagem do livro de Isaías:

> E se dirá:
> "Aterrem, aterrem, preparem o caminho!
> Tirem os obstáculos do caminho do meu
>   povo".
> Pois assim diz o Alto e Sublime,
>   que vive para sempre,
>   e cujo nome é santo:
> "Habito num lugar alto e santo,
> mas habito também com o contrito
>   e humilde de espírito,
> para dar novo ânimo
>   ao espírito do humilde
> e novo alento ao coração do contrito". (Isaías 57.14,15)

Restaurando o papel sacerdotal da intercessão   51

O Espírito quer tomar passagens como essa das Escrituras e casá-las com a revelação e o convencimento (do pecado, da justiça e do juízo). Então ele nos dará revelação e entendimento proféticos, e também nos mostrará como usar a Palavra de Deus como um "trator santo" para tirar do caminho o obstáculo do pecado e revogar a maldição lançada sobre a terra.

Paulo escreveu:

> Se vocês perdoam a alguém, eu também perdoo; e aquilo que perdoei, se é que havia alguma coisa para perdoar, perdoei na presença de Cristo, por amor a vocês, *a fim de que Satanás não tivesse vantagem sobre nós; pois não ignoramos as suas intenções.* (2Coríntios 2.10,11)

Deus quer que oremos e intercedamos com grande poder e eficácia, não dando socos a esmo no ar como um boxeador sem preparo (veja 1Coríntios 9.26). O Espírito Santo quer nos ensinar a "remover os direitos legais que os poderes demoníacos do ar têm para continuar agindo", e assim remover todo obstáculo maligno.

A paixão pela intercessão brota do coração do próprio Jesus Cristo, que afirmou: "Eu lhes digo: Abram os olhos e vejam os campos! Eles estão maduros para a colheita" (João 4.35b). Penso que, nessa passagem, Jesus está dizendo algo que normalmente não captamos. Se de fato levantarmos os olhos para enxergarmos com os olhos de Deus, nossa visão será tomada pela horripilante condição de pessoas feridas que estão separadas de Cristo! Em certo sentido, não precisamos pedir a Deus que coloque um "peso de responsabilidade" especial para irmos a campo. Precisamos apenas abrir os olhos para ver as pessoas como ele as vê. Então nosso coração será movido por uma compaixão abrasadora que brota diretamente do coração paterno de Deus.

Figuras do sacerdócio

As raízes de nosso elevado ministério sacerdotal se estendem por milhares de anos antes de nós, precedendo e prefigurando a intenção que Deus tinha de invadir a história humana por meio de seu Filho Jesus Cristo. O primeiro sacerdote nos registros das Escrituras bem pode ter sido Adão, que ministrou em favor de Deus e da criação de Deus no jardim do Éden. Talvez então vejamos o sacerdócio no sacrifício oferecido por Abel, que foi aceito. Mas o primeiro indivíduo que foi efetivamente chamado de *kohen*, ou sacerdote, foi Melquisedeque, rei de Salém:

> [...] e sacerdote do Deus Altíssimo, trouxe pão e vinho e abençoou Abrão, dizendo:
>
> "Bendito seja Abrão
> pelo Deus Altíssimo,
> Criador dos céus e da terra.
>
> E bendito seja o Deus Altíssimo,
> que entregou seus inimigos
> em suas mãos".
> E Abrão lhe deu o dízimo de tudo. (Gênesis 14.18-20)

Até mesmo o primeiro sacerdote cuidou de ministrar em duas dimensões: a Deus em favor dos homens, e aos homens em favor de Deus. Posteriormente, Deus estabeleceu o sacerdócio aarônico como parte das instruções que deu a Moisés no monte Sinai, onde também entregou a ele a lei inscrita em tábuas de pedra. Ele disse a Moisés que construísse uma tenda de acordo com definições muito específicas, que seria uma habitação móvel entre seu povo enquanto estivessem na viagem para a terra prometida. Essa tenda foi chamada de "Tenda do Encontro" com Deus e de tabernáculo

Restaurando o papel sacerdotal da intercessão   53

de Moisés. Continha três áreas principais, arranjadas concentricamente, nas quais somente os sacerdotes da tribo de Levi podiam entrar, depois de estarem cerimonialmente purificados.

A primeira área, delimitada pelas cortinas externas, era o pátio ou átrio. O maior dos três espaços continha o altar e a bacia de bronze onde o sangue do sacrifício de animais inocentes e sem defeito era derramado, e onde seus corpos eram queimados como oferta a Deus. (Derramar o sangue e sacrificar inocentes no lugar de culpados nesses sacrifícios era uma prefiguração do derramamento do sangue inocente de Cristo e de seu sacrifício voluntário na cruz para tirar o pecado do mundo.)

Era na bacia de bronze que os sacerdotes sujos de sangue se lavavam antes de ir para dentro da tenda. A área seguinte era a tenda principal, um espaço coberto que abrigava o Lugar Santo e incluía uma terceira área chamada de Lugar Santíssimo (ou Santo dos Santos), onde residia a glória *shequiná* de Deus, ou sua presença. Esses espaços representavam níveis de santidade na terra. Quanto mais próximo do Santíssimo, mais rigorosas eram as exigências de santidade.

Os sacerdotes que ministravam sob a antiga aliança seguiam uma série progressiva de rituais que os preparava para ministrar diante da presença do Deus Santo no tabernáculo. Em primeiro lugar, os sacrifícios de sangue eram oferecidos como propiciação pelo pecado no pátio externo. Era exigido que o sacerdote passasse pelo local de sacrifício antes que pudesse entrar no tabernáculo e ministrar ao Senhor. Somente depois que Arão, o sumo sacerdote, tivesse feito o sacrifício de sangue por seu pecado no altar, e se lavado na bacia, é que poderia passar pelo primeiro véu e entrar no Lugar Santo.

Quando Jesus entregou sua vida por nós e derramou seu sangue na *cruz*, ele fez propiciação, ou pagou, por nosso pecado para sempre, e seu sangue derramado tornou-se um manancial transbordante, uma bacia santa que nos purifica de todo pecado. Ele se tornou o Caminho vivo, e a Porta eterna, que conduz ao Lugar Santo de Deus, onde somente os sacerdotes podiam entrar. Nesse lugar, na qualidade de sacerdotes do Senhor, oferecemos sacrifícios de louvor, adoração e devoção, orientados e banhados pela luz de sua Palavra, e sustentados pelo pão de sua Palavra e pela comunhão de seu Corpo partido, a Igreja.

Passando pelo véu

Depois que passamos pelo véu, chegamos ao Santo dos Santos, e ficamos diante da arca da aliança, onde os querubins de ouro se assentam sobre o propiciatório, o lugar da presença manifesta de Deus. Mal se vê o propiciatório por entre a fumaça de fragrância adocicada que é o incenso de nossa oração, louvor e adoração. Somente o sumo sacerdote podia entrar nesse lugar nos dias que antecederam a cruz, e somente uma vez por ano, no Dia do Perdão.

As funções desempenhadas pelos sacerdotes do Antigo Testamento prefiguram a realidade mais elevada que Deus anseia ver manifestada hoje em seu povo sacerdotal. O autor de Hebreus declara: "Agora, porém, o ministério que Jesus recebeu é superior ao deles, assim como também a aliança da qual ele é mediador é superior à antiga, sendo baseada em promessas superiores" (Hebreus 8.6). Depois disso, ele faz uma comparação cuidadosa do que chamo "a glória da habitação anterior" (o relacionamento dos judeus com Deus por meio da Lei e do sacrifício de animais) com

Restaurando o papel sacerdotal da intercessão 55

"a glória da habitação atual" (o relacionamento de todos os homens com Deus Pai por meio do sangue de seu Filho, o Cordeiro de Deus, Jesus Cristo).

Cada função do sacerdócio aarônico representa uma verdade a respeito do relacionamento do homem com Deus, e precisamos compreendê-las sob a luz da cruz:

1. No Antigo Testamento, somente o sumo sacerdote podia entrar no lugar da "residência" de Deus e ter comunhão com ele. Sob a nova aliança, levada a efeito pela morte de Jesus Cristo, *cada cristão é um sacerdote*.

2. Os sacerdotes antigos conheciam Deus ritualmente, e dentro de um relacionamento preso ao medo e sem uma revelação de amor. Hoje, cada cristão pode conhecer Deus íntima e pessoalmente, dentro de um relacionamento marcado por amor, misericórdia e graça.

3. Os aparentemente infindáveis sacrifícios da antiga aliança tinham de ser repetidos cada vez que o sacerdote entrava no tabernáculo. Hoje, temos pronto acesso a Deus, a qualquer hora e o tempo todo, por meio do sangue de Jesus, que pagou a dívida de nosso pecado de uma vez por todas. Nossos pecados estão cobertos com seu sangue, e ele nos reservou para si mesmo (nos santificou) como posse estimada, sua Noiva.

4. Os descendentes de Abraão conheciam Deus como o Espírito invisível que habitava uma tenda (e, por pouco tempo, uma habitação de pedra). Hoje, Deus cumpriu sua promessa e não reside mais em uma tenda. Em vez disso, ele vive entre os homens, habitando nosso coração na pessoa do Espírito Santo. Esse mesmo Espírito revela Deus a todos os cristãos de maneira pessoal e, em consequência disso, temos comunhão íntima com Deus.

56   A ARTE PERDIDA DA INTERCESSÃO

*Cada função do sacerdócio aarônico representa uma verdade
a respeito do relacionamento do homem com Deus, e precisamos
compreendê-las sob a luz da cruz.*

As funções sacerdotais do Antigo Testamento apontam para nossos deveres como filhos de Deus, deveres mencionados no Novo Testamento. Agora fomos feitos sacerdotes e reis na linhagem do Messias, na qualidade de filhos e filhas de Deus. Entretanto, nosso sacerdócio ainda inclui os instrumentos da cruz e um altar de sacrifício, assim como foi para nosso Senhor!

> Jesus dizia a todos: "Se alguém quiser acompanhar-me, negue-se a si mesmo, *tome diariamente a sua cruz e siga-me*. Pois quem quiser salvar a sua vida, a perderá; mas quem perder a sua vida por minha causa, este a salvará". (Lucas 9.23,24)
>
> Portanto, irmãos, rogo-lhes pelas misericórdias de Deus que *se ofereçam em sacrifício vivo, santo e agradável* a Deus; este é o culto racional de vocês. Não se amoldem ao padrão deste mundo, mas *transformem-se* pela renovação da sua mente, para que sejam capazes de experimentar e comprovar a boa, agradável e perfeita vontade de Deus. (Romanos 12.1,2)

Deus pretendia desde sempre formar para si um reino de sacerdotes e reis. Ele sempre ansiou ter comunhão conosco no altar do incenso. Agora ele anseia nos chamar para mais perto, para além do véu da separação, para que ele possa nos encontrar e entrar no Lugar Santíssimo de sua presença manifesta. Como se vê, o sacerdócio aarônico do Antigo Testamento foi apenas uma sombra daquilo que Deus realmente ansiava fazer assim que o Cordeiro sacrificado completasse sua missão redentora.

Restaurando o papel sacerdotal da intercessão 57

Tipos e sombras ou não, determinados aspectos do sacerdócio antigo foram, apesar disso, ordenados para que subsistissem até nossos dias. Em Levítico 16, Deus deu a Moisés instruções bem detalhadas sobre as leis da propiciação e da progressão sacerdotal até chegar à presença de Deus, e elas contêm algo que eu e você precisamos entender hoje:

> Pegará o incensário cheio de brasas do altar que está perante o Senhor e dois punhados de incenso aromático em pó, e os levará para trás do véu. Porá o incenso no fogo perante o Senhor, e a fumaça do incenso cobrirá a tampa que está acima das tábuas da aliança, a fim de que não morra. (Levítico 16.12,13)

> Ordene aos israelitas que lhe tragam azeite puro de oliva batida para as lâmpadas, para que fiquem sempre acesas. Na Tenda do Encontro, do lado de fora do véu que esconde as tábuas da aliança, Arão manterá as lâmpadas continuamente acesas diante do Senhor, desde o entardecer até a manhã seguinte. Este é um decreto perpétuo para as suas gerações. (Levítico 24.2,3)

Essas ordenanças para o Lugar Santo e o Lugar Santíssimo falam de "um decreto perpétuo para as gerações". Perpétuo *também* quer dizer para sempre, até mesmo em nossa geração. Deus disse uma coisa quando queria dizer outra? Mas eu pensei que estávamos debaixo de uma nova aliança. Todas as coisas são novas; o que é velho já passou. Então, o que Deus quer dizer com "para sempre" nesse contexto?

Das sombras para a luz

Deus já não requer de nós que fiquemos acordados por causa de um fogo dentro de uma tenda ou templo de pedras, mas a realidade

58 A ARTE PERDIDA DA INTERCESSÃO

revelada no princípio permanece perpétua. Os sacrifícios que devemos oferecer ao Senhor como sacerdotes e reis incluem sacrifícios de ação de graças, louvor, adoração, oração ininterrupta e o culto da intercessão. Por esse motivo, é necessário que Deus faça uma convocação à intercessão como parte vital de qualquer esforço para restaurar, na sua Igreja, o sacerdócio de todos os cristãos. Não há como se desviar disto: todo sacerdote de Deus é chamado e ungido para orar e interceder. O sacerdote que não ora não é um sacerdote. Assim como a oração e a intercessão de Arão com o incenso e o fogo tirado do altar salvaram a vida de milhares no dia em que Corá se rebelou em Números 16, assim também nossa oração e intercessão fazem diferença para as pessoas hoje!

Você já notou que em nenhum lugar das Escrituras a oração, o louvor, a adoração e a intercessão são definidas, tecnicamente como um dom espiritual especial? Essa passagem não existe, não será encontrada em lugar algum! Sabe por quê? Porque é o direito de todos os sacerdotes! Deus é um patrão que oferece oportunidades iguais, e o ministério da oração e do louvor é a descrição da função de todos os sacerdotes autênticos.

Definindo os termos

De acordo com o dicionário *Houaiss*, o verbo *interceder* significa "intervir (a favor de alguém ou de algo); pedir, rogar, suplicar".[1] A raiz da palavra em latim tem o significado principal de "colocar-se entre". Como observamos no capítulo anterior, a

---

[1] **Dicionário Eletrônico Houaiss da Língua Portuguesa.** Versão 1.0. Editora Objetiva, dez. 2001.

Restaurando o papel sacerdotal da intercessão   59

palavra hebraica para intercessão na passagem messiânica de Isaías 59.16 é *paga*. Seu significado literal é "atingir o alvo".

Não é possível exagerar a importância da intercessão em nossos dias. No entanto, Satanás tem obtido muito sucesso nas suas tentativas de convencer os cristãos de que a oração é principalmente um exercício fútil. Especialmente para os estado-unidenses inclinados à ação, a oração parece ser a coisa mais simplória que poderiam fazer em tempos de crise, estresse ou emergência. A opinião de Jesus era diferente. Ao longo dos evangelhos, vemos que Jesus desaparecia para passar noites inteiras em oração fervorosa antes de ministrar às massas no dia seguinte. Ele optou por passar a última noite antes de ser crucificado no jardim do Getsêmani — orando.

Todo sacerdote de Deus é chamado e ungido para orar e interceder. O sacerdote que não ora não é um sacerdote. Assim como a oração e a intercessão de Arão com o incenso e o fogo tirado do altar salvaram a vida de milhares no dia em que Corá se rebelou em Números 16, assim também nossa oração e intercessão fazem diferença para as pessoas hoje!

O poder do incenso

Em nossos dias, existem incontáveis histórias de intervenções sobrenaturais geradas pelo poder da oração e da intercessão.

Jackie Pullinger-To é uma política missionária maravilhosa e radical que serve ao Senhor em Hong Kong. Aos 19 anos, ela foi tomada por uma paixão para servir a Deus. Embora não soubesse em que isso daria, ela simplesmente se ofereceu incondicionalmente a Deus para servi-lo. O Senhor lhe disse para subir em um navio em particular, então ela subiu no navio, sem saber para

60 A ARTE PERDIDA DA INTERCESSÃO

onde seria levada. Ela aportou em Hong Kong e foi levada para um lugar chamado de "Cidade Murada". Lá conheceu o homem que era o principal dos chefes do tráfico. Ele tinha um irmão chamado Alie, que estava estudando para se tornar um monge budista. Alie estava sendo acusado de ser o suposto cúmplice, junto com outros sete homens, no assassinato de um chefe rival do tráfico.

Jackie começou a fazer visitas semanais a essa prisão de Hong Kong para ministrar e testemunhar a esses homens, e especificamente a Alie. Quatro deles se voltaram para o Senhor quase imediatamente. Mas, apesar de Jackie ter visitado a prisão todos os dias durante nove meses, testemunhando a Alie a respeito de Jesus através de uma divisão feita com um vidro espesso, ele não se sensibilizou.

Alie não admitia, mas estava com muito medo de morrer por causa de um crime que não tinha cometido. Semana após semana, Jackie Pullinger-To continuou a ministrar a ele. "Sei que você está com medo, Alie. Sei que você está apavorado com a morte, mas eu quero lhe dizer que existe um Deus amoroso. Existe um Deus de justiça que sabe todas as coisas, e ele é um Pai misericordioso. E recrutei cristãos de todas as partes do mundo para orar e jejuar em seu favor todas as quartas-feiras, Alie." Embora Alie ouvisse e entendesse as coisas que Jackie estava dizendo, ele continuava se recusando a se voltar para o Senhor porque seu coração estava endurecido.

Certo dia, o diretor da prisão e um assistente passaram pela cela de Alie e mencionaram ter notado certo cheiro. Eles não sabiam qual era essa fragrância diferente, mas acharam que era algum tipo de perfume refinado e aromático. Eles começaram a fazer

Restaurando o papel sacerdotal da intercessão **61**

perguntas a respeito daquela fragrância, mas Alie simplesmente perguntou: "Que cheiro?". Perplexos, os dois homens perguntaram aos outros presos a respeito do cheiro, pois a prisão inteira sentia o odor aromático que vinha desse perfume diferente.

Finalmente, o diretor da prisão enviou guardas para a cela de Alie. Eles fizeram uma revista e não encontraram nada. Quando farejaram em torno deles, assentiram com a cabeça e disseram: "É verdade, dá para sentir o cheiro". No entanto, o cheiro não estava em Alie. Quando as guardas saíram, Alie começou a se perguntar: "Que cheiro é esse?". Então uma Palavrinha foi entrando na sua consciência. Era uma mensagem simples: "Ah, hoje é quarta-feira!". De repente, ele se lembrou das palavras de Jackie. *Ele estava com cheiro de oração!* Ele percebeu que toda sua cela estava cheia do aroma perfumado das orações dos santos.

Jackie continuou fazendo visitas a Alie, e eles conversaram sobre essas coisas. Certo dia, Alie aceitou Jesus enquanto Jackie orava por ele através da divisão de vidro. O Espírito Santo veio sobre Alie, e ele começou a falar em uma língua diferente. Chegou a hora de seu julgamento no tribunal. Alie foi levado à presença do juiz, que o libertou sem sequer ouvir seu caso!

A fragrância da oração

Alie foi salvo por causa das orações oferecidas a Deus em seu favor. Foram tantas as orações dirigidas a ele em sua cela diminuta que o ar ficou saturado com o incenso adocicado da intercessão. Quando os cristãos de todo o mundo começaram a exercer suas funções sacerdotais e a oferecer o incenso da intercessão na presença do Senhor, o ar dentro daquela cela na prisão de Hong

62 A ARTE PERDIDA DA INTERCESSÃO

Kong ficou tão cheio de orações que até mesmo os incrédulos conseguiam sentir a fragrância! O fruto daquelas orações foi que Alie entregou a vida a Jesus. Tem alguém sentindo o aroma de suas orações? Será que alguém consegue dizer qual é o dia da semana pela fragrância da sua intercessão?

As leis de Deus são imutáveis, incluindo a lei natural da gravidade. "Aquilo que sobe tem de descer!" A lei da gravidade se aplica nesse ponto. Nos dias de Arão, o incenso da oração criava uma nuvem à medida que a fumaça aromática do incenso cobria o propiciatório que ficava sobre a arca da aliança. Então Deus desceria e deixaria transparecer suas qualidades visíveis no meio da nuvem, e dali ele comungaria intimamente com o sumo sacerdote. A presença de Deus sempre descia *depois* que a fragrância da oração subia. Em nossos dias, um reino inteiro de sacerdotes recebeu a missão e foi autorizado a ministrar na presença de Deus, oferecendo orações, louvor, adoração e intercessão ininterruptas em favor de todos os homens.

Refleti em todas essas coisas à luz de Apocalipse 5.8, que nos abre uma porta para as operações e funções das regiões celestiais. João diz que existe um altar no céu no qual os anjos ministram continuamente ao Senhor. Um anjo carrega um incensário que deve ser semelhante ao recipiente com brasas usado pelos sacerdotes aarônicos.

> Outro anjo, que trazia um incensário de ouro, aproximou-se e se colocou em pé junto ao altar. A ele foi dado muito incenso para oferecer com as orações de todos os santos sobre o altar de ouro diante do trono. E da mão do anjo subiu diante de Deus a fumaça do incenso com as orações dos santos. Então o anjo pegou o incensário, encheu-o com fogo do altar e lançou-o

Restaurando o papel sacerdotal da intercessão 63

sobre a terra; e houve trovões, vozes, relâmpagos e um terremoto. (Apocalipse 8.3-5)

A Bíblia afirma que o anjo tomou um incensário e o encheu com fogo vindo do altar misturado com incenso. Ao lado desse altar nos céus existe um recipiente de ouro cheio de incenso. O que o incenso representa? Apocalipse 5.8 diz que esse incenso representa as orações dos santos. Como o Senhor reage à fragrância do incenso de nossas orações que sobem diante dele? Ordena que um anjo vire esse recipiente e despeje as orações dos santos no fogo do altar! Então o anjo pega o incensário e o enche com o fogo do altar e com o incenso das orações dos santos, e lança o fogo dos céus sobre a terra.

Como já dissemos: *Aquilo que sobe tem de descer*. Quando as orações dos santos sobem como incenso diante do trono de Deus, elas são guardadas em um recipiente de ouro e novamente queimadas com o fogo do altar na presença do Deus Altíssimo. Isso ilustra como nossas orações são multiplicadas e apreciadas por Deus antes de ele reagir lançando seu fogo sobre a terra na forma de uma oração respondida. Essa é a dimensão multidirecional da oração. Lembre-se: aquilo que sobe tem de descer.

Deus atende a oração dos santos. Os cristãos são vasos que ajudam a definir onde o julgamento termina e a misericórdia começa.

Onde os julgamentos serão pronunciados?

É interessante que a Bíblia não diz em que lugar da terra esses julgamentos serão pronunciados. Por que isso? Antes de o julgamento ser pronunciado, Deus sempre presta atenção no recipiente de ouro, as orações dos santos. Em primeiro lugar, ele ouve os sacerdotes que estão ministrando no tabernáculo, no altar do incenso, que é o ato sacerdotal da intercessão. Os cristãos são vasos que ajudam a definir onde o julgamento termina e a misericórdia começa.

Deus escolheu levantar um reino inteiro de sacerdotes intercessores como Abraão (que intercedeu por Ló e pelas cidades de Sodoma e Gomorra), Moisés (que repetidamente se posicionou entre a ira de Deus e os israelitas), Jó (que intercedeu por seus amigos e foi ele mesmo curado e restaurado), Ester (a camponesa que se tornou rainha e correu o risco de morrer para interceder por toda sua raça e salvá-la), e Daniel (cuja intercessão por seu povo foi além de sua própria época e chegou aos últimos dias da volta definitiva do Messias). Ainda mais notável é o fato de Deus querer que modelemos nosso sacerdócio pelo ministério contínuo do grandioso Sumo Sacerdote, Jesus Cristo, que "é capaz de salvar definitivamente aqueles que, por meio dele, aproximam-se de Deus, pois vive sempre para interceder por eles" (Hebreus 7.25).

Expondo as mentiras do inimigo

Permita que eu diga isto em benefício de todos que, sem saber, caíram nas mentiras desesperadas do inimigo a respeito da suposta inutilidade da oração: *a oração funciona. A oração é poderosa. A oração é uma das armas mais mortíferas e eficazes para destruir as obras do inimigo. A oração é a corda de segurança que Deus joga para os que sofrem, estão feridos, fracos ou morrendo.* Mas ele espera que eu e você desçamos essa corda da vida em nome de Jesus, seu Filho, até que ela chegue a outros. A intercessão não é a preocupação de uns poucos zelosos: é o chamado e propósito final do povo escolhido, e de cada filho de Deus lavado no sangue. Se você chama Jesus Cristo de Salvador e

Senhor, então ele o chama de intercessor e sacerdote, e hoje ele está chamando você para ficar de joelhos.

Alguns anos atrás, eu estava em um trem na Alemanha, no meio da noite, fazendo uma viagem de seis horas de Heidelberg para Rosenheim. Tentei dormir durante a viagem, mas continuava ouvindo a voz suave do Espírito Santo falando comigo. Sabia que ele estava falando comigo, mas ele também estava expressando um peso denso de expectativa para que um povo numeroso surgisse.

Ouvi repetidamente aquela preciosa Pomba pronunciando um apelo incisivo e implacável: "Onde estão aqueles que serão como Daniel? Onde estão aquelas que serão como Ester? Onde estão aquelas que serão como Débora? E onde estão aqueles que serão como José?".

Jesus Cristo fez de mim e de você reis e sacerdotes para Deus. Agora eu declaro, debaixo da mesma unção profética que inspirou Mardoqueu a dizer para Ester, sua jovem sobrinha e enteada: "Quem sabe se não foi *para um momento como este que você chegou à posição de rainha*?" (Ester 4.14b). Para tal tarefa você recebeu entendimento, e para esse propósito você foi gerado. Como alguém semelhante a Cristo, você foi nomeado libertador, parente resgatador, curador e restaurador da brecha. Você se levantará e será um dos revolucionários radicais de Deus? Você dirá: "Sim, Senhor!", e será a resposta ao apelo do Grande Intercessor?

Pela graça de Deus, quero ser um intercessor sacerdotal do Novo Testamento! Quero que a fragrância da oração emane de minha vida e influencie a atividade dos céus. Eu me voluntario para ser como Daniel, Ester, Débora e José para esta geração. Dá-me o espírito da graça e da súplica para que os céus respondam quando eu orar pelo reavivamento! Amém!

CAPÍTULO 4

Restaurando a arte de fazer valer sua causa

A fé tem o hábito de, quando você está orando, argumentar energicamente. Meros recitadores de oração, que de fato não oram, esquecem-se de arrazoar com Deus; mas aqueles que prevalecem trazem à tona motivos e argumentos sólidos [...] — CHARLES H. SPURGEON

Impensável! Como você poderia se atrever a argumentar com Deus? Não é atrevimento obedecer à Palavra de Deus, nem é atrevimento lembrar Deus de suas obras poderosas e poder incomparável. Deus tem prazer sempre que nos achegamos a seu trono sussurrando, recitando, declarando e invocando o pronto cumprimento de suas promessas infalíveis em nome de Jesus. Ele é glorificado quando seus filhos humildemente instam-lhe e suplicam que se levante em seu poder para defender os que passam necessidades. Ele é glorificado quando são recitadas as maneiras incontáveis pelas quais trouxe libertação no passado, redenção no presente e vitória nos dias futuros.

O atrevimento ousa agir com base em uma autoridade que a pessoa não possui ou que não lhe foi concedida. A obediência age somente com base na autoridade de outra pessoa ou na auto-

Restaurando a arte de fazer valer sua causa   **67**

ridade que foi recebida de uma autoridade maior. Nós recebemos incríveis privilégios e autoridade da "corte real", vindos do nosso Senhor, Jesus Cristo. Ele pessoalmente fez de cada um de nós sacerdotes e reis com direito de entrar na própria sala do trono de Deus. Dê uma olhada, ainda que superficial, no que Jesus ensinou a respeito da viúva persistente que teve a oração atendida. Ela importunou o juiz injusto até ele tomar uma atitude (veja Lucas 18.1-8), e isso deveria servir de aviso, pois há mais nessa "oração com defesa da petição" do que a maioria das pessoas acredita.

> "Embora eu não tema a Deus e nem me importe com os homens, esta viúva está me aborrecendo; vou fazer-lhe justiça para que ela não venha mais me importunar".
>
> E o Senhor continuou: "Ouçam o que diz o juiz injusto. *Acaso Deus não fará justiça aos seus escolhidos, que clamam a ele dia e noite?* Continuará fazendo-os esperar? Eu lhes digo: Ele lhes fará justiça, e depressa. Contudo, quando o Filho do homem vier, encontrará fé na terra?". (Lucas 18.4b-8)

O profeta Isaías se debateu com o povo israelita — eles não se arrependiam e mantinham uma postura provocativa —, recusando-se a reconhecer seu pecado e a abandonar os ídolos, mesmo diante da derrota, servidão e escravidão efetiva a outros países. Então Deus proclamou um desafio para sua criação por meio do seu profeta, que revela como o coração de Deus se inclina para nós — até mesmo quando estamos em pecado e tentando justificar nossa rebelião.

> Desperta-*me* a *memória*; entremos juntos em juízo; *apresenta as tuas razões*, para que possas justificar-te. (Isaías 43.26, *ARA*).

68   A ARTE PERDIDA DA INTERCESSÃO

> *Relembre* o passado *para mim; vamos discutir* a sua causa. *Apresente o argumento* para provar sua inocência. (Isaías 43.26)

> *Aviva-me a memória,* e juntos entremos em juízo: *apresenta a tua causa, para que sejas justificado.* (Isaías 43.26; *TB*)

Esse versículo revela que Deus "tem costas largas", que é tão poderoso e confiante que pode "dar-se ao luxo" de ouvir os argumentos da humanidade — mesmo os argumentos de pessoas com raiva e desiludidas, que normalmente ultrapassam os limites da sabedoria na hora de se queixar com Deus. Ele tem um deleite especial nas orações humildes, porém confiantes, de seus reis e sacerdotes que chegam ao tribunal no nome e na companhia de Jesus Cristo, seu Filho, achegando-se a ele fundamentados em sua Palavra.

Definindo os termos

Esse claro precedente bíblico firma o fato de que Deus nos permitiu argumentar — nos convidou a fazer isso — em favor de nossa causa e fazer apelos nos tribunais celestes, diante de nosso grande Juiz e Deus. A definição de *advogar* é: 1. defender (alguém ou alguma causa); 2. fazer a defesa de (alguém ou algo) por meio de argumentos, ideias etc; 3. interceder ou atuar a favor de, trabalhar por.[1]

Shaphat é a palavra hebraica encontrada na declaração de Isaías, e pode ser traduzida por "advogar", "argumentar", "invocar"

---

[1] **Dicionário Eletrônico Houaiss da Língua Portuguesa**. Versão 1.0. Editora Objetiva, dez. 2001.

Restaurando a arte de fazer valer sua causa 69

e "arrazoar". Significa "julgar, pronunciar sentença, vindicar, punir, pleitear em juízo".[2] A palavra hebraica traduzida por "declarar" ou "apresentar a causa" é *caphar*, que significa "atribuir valores a um registro de contas, alistar e também enumerar; relatar detalhadamente, contar".[3]

Tomadas em conjunto, essas definições fazem uma descrição clara de um ambiente jurídico descrito com uma terminologia puramente jurídica: defender a causa como se estivesse em um tribunal, pronunciar sentença, punir, pleitear em juízo. Isso reforça minha convicção de que, para obtermos sucesso como intercessores, o Deus todo-poderoso precisa ser revelado a nós na qualidade de Juiz de toda a carne. Temos o privilégio de nos "exercitar diante das barras do tribunal" sob a autoridade e convite de Jesus Cristo, juiz e advogado de defesa.

Recentemente, sonhei, e nesse sonho estava minha incumbência seguinte de intercessão. Ouvi em um sonho vívido: "Você está acostumado a reabrir os poços fechados da Vigília do Senhor, à intercessão profética, à intervenção em crises e à vigília contemplativa. Mas agora eu o chamo como precursor da Intercessão Judicial. Eu o chamo para aprender, e para possibilitar audiências no tribunal diante do meu trono, onde o intercessor trabalha com meu filho como advogado de defesa". Acordei dessa experiência e, em meu coração, disse: "Sim, Senhor!". É hora de nos achegarmos ousadamente ao trono de Deus para receber nossa justa recompensa!

---

[2] STRONG, James. **Strong's Exhaustive Concordance of the Bible**. Peabody, MA: Hendrickson Publishers, [s.d.]. **Plead** (5608).

[3] Ibid., **declare** (5608).

Dando assistência ao advogado de defesa

Quando nascemos de novo, Cristo foi nosso advogado de defesa. Na qualidade de intercessores do Cordeiro, servimos como assistentes do advogado de defesa do Reino, com a responsabilidade de defender o povo do Rei e de ser promotor contra os inimigos do Rei nos domínios espirituais (o adversário e seus seguidores rebeldes). Cada vez que chegamos diante da "plataforma" do Juiz de todos, nosso Principal Advogado de Defesa vem conosco e nos leva pelo braço para nos apresentar formalmente diante do Juiz, enumerando as credenciais jurídicas que ele nos delegou. Nós literalmente "exercemos a defesa diante das barras do tribunal" como assistentes do Advogado de Defesa, enviado pelo escritório na qualidade de Primogênito, o Cordeiro de Deus, Principal Intercessor, e Principal Advogado de Defesa dos redimidos.

O autor de Hebreus descreveu cuidadosamente uma cena que expõe a diferença entre a abordagem do homem e a abordagem do Juiz antes da cruz e depois da cruz. A diferença é absolutamente crucial:

> Vocês não chegaram ao monte que se podia tocar, e que estava em chamas, nem às trevas, à escuridão, nem à tempestade, ao soar da trombeta e ao som de palavras tais, que os ouvintes rogaram que nada mais lhes fosse dito; pois não podiam suportar o que lhes estava sendo ordenado: "Até um animal, se tocar no monte, deve ser apedrejado". O espetáculo era tão terrível que até Moisés disse: "Estou apavorado e trêmulo!".
> (Hebreus 12.18-21)

Restaurando a arte de fazer valer sua causa 71

> *Na qualidade de intercessores do Cordeiro, servimos como assistentes do advogado de defesa do Reino, com a responsabilidade de defender o povo do Rei e de ser promotor contra os inimigos do Rei nos domínios espirituais (o adversário e seus seguidores rebeldes).*

Compare a situação de medo e terror sob a Antiga Aliança com nosso ponto de ingresso na Nova Aliança, inaugurada no sangue do Cordeiro:

> Mas vocês chegaram ao monte Sião, à Jerusalém celestial, à cidade do Deus vivo. Chegaram aos milhares de milhares de anjos em alegre reunião, à igreja dos primogênitos, cujos nomes estão escritos nos céus. Vocês chegaram a Deus, juiz de todos os homens, aos espíritos dos justos aperfeiçoados, a Jesus, mediador de uma nova aliança, e ao sangue aspergido, que fala melhor do que o sangue de Abel. (Hebreus 12.22-24)

O livro de Hebreus descreve o lugar da morada de Deus e os seres que lá habitam com ele. Somos assegurados de que, quando nos aproximarmos da barra do tribunal diante do Juiz, estaremos na companhia de anjos adoradores e de pessoas familiares como Moisés; Arão; Hur; Isaías; Débora; Paulo; Barnabé; Simão de Cirene; Maria, a mãe de Jesus; Pedro, o pescador que virou apóstolo; Corrie ten Boom; Teresa de Ávila; Paul Billheimer; C. S. Lewis; Nikolaus Ludwig von Zinzendorf e os irmãos Wesley. Você percebe que se sentiria em casa nesse lugar?

E o melhor de tudo: quando chegarmos à presença do Juiz de todos para defender nossa causa em intercessão, chegamos ao Advogado, ao misericordioso, Jesus Cristo mediador, cujo sangue

72 A ARTE PERDIDA DA INTERCESSÃO

aspergido continuamente clama "misericórdia" diante do Juiz (o sangue de Abel se limitaria a clamar "vingança!").

Quando você persistentemente leva suas súplicas diante do Juiz de todos no tribunal celeste, o Senhor olha com deferência para isso e enxerga fé. O processo de apresentar sua causa e argumentos é agradável para Deus, e também o ajuda a compreender de maneira mais abrangente a necessidade. Você fica mais compassivo, mais forte na sua determinação, e sua santa fome fica mais intensa e mais profunda.

Deus declara no primeiro capítulo do livro profético de Isaías: "*Venham, vamos refletir juntos* [...]" (Isaías 1.18). É o convite para uma audiência judicial, em que Deus se agrada de ouvir nossas solicitações, petições e súplicas. Jó era aberto quanto ao anseio que sentia por tal lugar:

> Se tão somente eu soubesse
> onde encontrá-lo e como subir à sua habitação!
> Eu lhe apresentaria a minha causa
> e encheria a minha boca
> de argumentos.
> Estudaria o que ele me respondesse
> e analisaria o que me dissesse. (Jó 23.3-5)

Fui muito inspirado e instruído com o livro *A oração poderosa que prevalece*, escrito por Wesley Duewel. Nesse livro, ele cita os comentários de Charles Spurgeon a respeito da intercessão:

> A fé tem o hábito de, quando você está orando, argumentar energicamente. Meros recitadores de oração, que de fato não oram, esquecem-se de arrazoar com Deus; mas aqueles que prevalecem trazem à tona motivos e argumentos sólidos [...] Debater-

Restaurando a arte de fazer valer sua causa   73

-se com esforço é um ato de fé, que é suplicar a ele e dizer com santa ousadia: "Que seja deste e daquele jeito por estes motivos".

Spurgeon pregava assim: "O homem que tem a boca cheia de argumentos em suas orações logo terá sua boca cheia de ações de graça por causa das orações respondidas".[4] Wesley Duewel delineia um modelo de recitação de nossa causa diante de Deus:

> Essa argumentação santa com Deus não se faz em espírito negativo nem queixoso. Não é a expressão de um coração crítico, mas de um coração ardendo de amor por Deus, seu nome e sua glória. Esse debate santo com Deus é uma apresentação apaixonada para Deus das diversas razões pelas quais se está em harmonia com sua natureza, seu governo justo e com a história de sua intervenção santa em favor de seu povo.
>
> Não se apresenta a causa como se fôssemos um adversário negativo, com questões jurídicas, na presença de Deus, o santo Juiz. Antes, argumenta-se na forma de um sumário bem preparado, escrito por um advogado de defesa legalmente constituído em favor de uma necessidade e pelo bem-estar do Reino. Às vezes você faz, por assim dizer, uma petição no tribunal de Deus para obter um mandado de segurança contra Satanás, para que ele pare com seus assédios. O Espírito Santo o orienta na preparação e na maneira de enunciar seu argumento em forma de oração.[5]

Fazendo a lição de casa!

A intercessão eficaz começa com entendimento e conhecimento. Faça a lição de casa, e então você saberá quais são as promessas de

---

[4] Duewel, Wesley. **A oração poderosa que prevalece**. São Paulo: Candeia, 1996.

[5] Id., ibid.

74   A ARTE PERDIDA DA INTERCESSÃO

Deus. Entenda o motivo de as promessas não terem sido cumpridas em situação específica (quando isso for possível). Saiba por que a sociedade, ou um grupo em particular, fracassou. Compreenda todas as condições exigidas por Deus antes de suas promessas se cumprirem. Então comungue com Jesus e descubra o que vai no coração dele a respeito desse assunto. Permita que o Espírito Santo o oriente à medida que apresenta uma argumentação santa diante do justo Juiz de todos os vivos. Quando entrar em sua presença, lembre-se de que muitos já passaram por ali antes de você. Milhares de anos atrás, o profeta Jeremias e Josué se arriscaram a entrar nesse lugar de intercessão:

> Embora os nossos pecados nos acusem,
> age por amor do teu nome,
>   ó SENHOR! [...]
> Por amor do teu nome
>   não nos desprezes;
> não desonres o teu trono glorioso.
> Lembra-te da tua aliança conosco
>   e não a quebres. (Jeremias 14.7,21)

Josué suplicou a Deus que ajudasse a Israel, perguntando: "Que farás [tu, ó Deus], então, pelo teu grande nome?" (veja Josué 7.9b).

Seguindo os passos de Abraão

Um dos primeiros grandes intercessores da Bíblia foi Abraão, e sua oração de intercessão mais famosa foi por um dos lugares mais pecaminosos do mundo antigo! Sodoma e Gomorra tornaram-se sinônimo de pecado, devassidão sexual e sodomia. No entanto, o grande patriarca de Israel, o "pai da fé", intercedeu com paixão para que essas cidades gêmeas fossem poupadas! Creio que foi esse tipo de compaixão que levou Deus a dizer *"esconderei de Abraão o que estou para fazer?"* (Gênesis 18.17).

Quando Deus disse a Abraão que pretendia destruir Sodoma e Gomorra, o patriarca perguntou se Deus planejava destruir as pessoas justas e as ímpias. Então Abraão fez uma contraproposta: "Ainda a destruirás e não pouparás o lugar por amor aos cinquenta justos que nele estão?" (Gênesis 18.24b). Quando Deus concordou em abrandar a sentença se encontrasse 50 pessoas justas, Abraão persistiu em diminuir o número, sabendo que talvez apenas Ló e sua família passariam pelo crivo. O patriarca foi diminuindo o número até chegar a 20 e, no versículo 32, ele chegou a um ponto crucial que é importante examinarmos. Abraão disse: "Não te ires, Senhor, mas permite-me falar só mais uma vez. E se apenas dez forem encontrados?" (Gênesis 18.32).

Deus concorda com o pedido de Abraão, mas essa passagem nos faz pensar "e se Abraão não tivesse parado em dez?" Definitivamente Deus não mostrou sinais de estar irritado com Abraão por causa de sua intercessão persistente em favor de Sodoma e Gomorra. De fato, creio que ele gostou disso. Creio que Abraão poderia ter diminuído o número (mais uma vez, eu não estava lá, e certamente não tenho todos os dados em mãos).

Deus para quando o homem para. O que você disse,
Tiago? Sim, Deus para quando o homem para!

76 A ARTE PERDIDA DA INTERCESSÃO

Entretanto, esse incidente ilustra uma das leis fundamentais que governam o relacionamento entre Deus e o homem: Deus para quando o homem para. O que você disse, Tiago? Sim, Deus para quando o homem para!

Definições bíblicas

Existem quatro definições bíblicas de intercessor, e elas nos ajudam a fazer um quadro claro do nosso chamado geral para sermos intercessores sacerdotais. As definições colocarão tudo o mais que estudarmos na perspectiva correta.

Intercessor é aquele que:

1. **Lembra o Senhor das promessas e compromissos ainda não cumpridos.**

   Nas muralhas de Jerusalém, o Senhor colocou vigias, que não deverão ficar calados nem de dia nem de noite. *Vocês, vigias, que fazem com que Deus lembre das suas promessas*, não descansem, nem deixem que ele descanse até que tenha reconstruído Jerusalém, fazendo dela uma cidade elogiada no mundo inteiro (Isaías 62.6,7, *NTLH*).

2. **Assume a causa da justiça diante de Deus em favor de outra pessoa.**

   Não se acha a verdade em parte alguma, e quem evita o mal é vítima de saque. Olhou o Senhor e indignou-se com a falta de justiça. Ele viu que não havia ninguém, admirou-se porque ninguém intercedeu (Isaías 59.15,16a).

3. **Levanta a divisa e edifica o muro de proteção em tempos de batalha.**

   Seus profetas, ó Israel, são como chacais no meio de ruínas. Vocês não foram consertar as brechas do muro para a nação

Restaurando a arte de fazer valer sua causa 77

de Israel, para que ela pudesse resistir firme no combate do dia do Senhor (Ezequiel 13.4,5).

4. **Fica na brecha entre o justo julgamento de Deus, juízo merecido, e a necessidade de misericórdia que favorece as pessoas.**

   Procurei entre eles um homem que erguesse o muro e se pusesse na brecha diante de mim e em favor desta terra, para que eu não a destruísse, mas não encontrei nenhum. Por isso derramarei a minha ira sobre eles e os consumirei com o meu grande furor; sofrerão as consequências de tudo o que fizeram. Palavra do Soberano, o Senhor" (Ezequiel 22.30,31).

Reagindo às promessas

Intercessores sacerdotais lidam com dois tipos de promessas. O primeiro tipo são as promessas registradas na Palavra de Deus que ainda não se cumpriram, ou as promessas em vigência e que estão à disposição de qualquer cristão por meio da fé. O segundo tipo são as promessas proféticas que recebemos hoje e que são verdadeiras, mas que ainda não se cumpriram (veja 1Timóteo 1.18,19).

Deus diz no livro de Jeremias que está vigiando para que sua Palavra se cumpra (veja Jeremias 1.12). Isso quer dizer que a maneira mais válida e eficiente de apresentar nossa causa diante de Deus é ensaiar e lembrá-lo respeitosamente de sua Palavra imutável. Quando revemos a maneira de apresentar uma promessa feita por nosso Deus fiel, ele *requer de si* vigiar para que aquela Palavra se cumpra. Mas essa súplica só pode ser feita com o mais puro dos motivos que se originam em corações puros diante de Deus.

78   A ARTE PERDIDA DA INTERCESSÃO

Ainda assim, só estamos autorizados a "argumentar" ou apresentar nossa causa para coisas e petições que (1) estão em harmonia com a vontade de Deus, (2) que estendem o alcance do Reino e (3) que glorificam seu nome.

No livro *A oração poderosa que prevalece*, Wesley Duewel especifica sete fundamentos de apelo na oração intercessória. Essa lista provê uma plataforma poderosa de conhecimento para a intercessão ungida e eficaz. Não é suficiente estar inspirado e ser sincero no momento de orar. Precisamos entender os direitos e privilégios que Deus nos concedeu, e precisamos compreender nossas limitações. Fazendo assim, podemos ficar confiantes quando estamos na presença do Juiz. Saberemos que não é uma mera tentativa de "dar uma chave de braço em Deus" para obrigá-lo a fazer algo que ele não quer fazer. Bem ao contrário: somos chamados a pedir que ele faça aquilo que ele quer fazer por nós! Que belo acordo!

A. Invoque, faça valer a honra e a glória do nome de Deus

1. Deus salvou Israel no mar Vermelho por causa de seu nome "para manifestar o seu poder" (Salmos 106.8).

2. Samuel orou que o nome de Deus fosse engrandecido (veja 2Samuel 7.26).

3. Davi, sabendo da responsabilidade que Deus lhe dera para reinar, orou pedindo orientação (veja Salmos 23.3; 31.3) e auxílio (veja Salmos 109.21; 143.11), em favor do nome de Deus.

4. Asafe orou que Deus ajudasse Israel por causa da "glória do teu nome" (Salmos 79.9a).

B. Invoque, faça valer o relacionamento que Deus tem conosco

1. Deus é nosso Criador, e somos obra de suas mãos (veja Jó 10.3,8,9; 14.15; Salmos 119.73).

Restaurando a arte de fazer valer sua causa   79

2. Deus é nosso Ajudador (veja Salmos 33.20; 40.17; 63.7), e socorro bem presente (veja Salmos 46.1).

3. Deus é nosso Redentor (veja Salmos 19.14; Isaías 41.14; 54.5). Ele tem compaixão de nós porque é nosso Redentor (veja Isaías 54.8; 63.16).

4. Deus é nosso Pai (veja Isaías 64.8; Malaquias 3.17; Romanos 8.15), e temos o privilégio de clamar como filhos clamam a seu pai, dizendo: "Aba [paizinho] Pai!" (Romanos 8.15; Gálatas 4.6).

   Uma vez que ele é nosso Criador, Ajudador, Redentor e Pai, podemos pedir-lhe com súplicas que proteja e dê provisão a todos que foram por ele criados e redimidos.

C. Invoque, faça valer os atributos divinos

1. Apele para a justiça de Deus, assim como Neemias o fez (veja Neemias 9.33). Cristo se apressa em defender a causa dos justos (veja Isaías 16.5).

2. Faça um apelo fundamentado na fidelidade de Deus, assim como Etã fez no salmo 89. Nesse salmo, ele faz seis vezes um apelo santo que está em harmonia com a fidelidade de Deus.

3. Faça apelos fundamentados em sua misericórdia e amor. Junte-se a Moisés (veja Deuteronômio 9.18), Davi (veja Salmos 4.1; 27.7; 30.10; 86.6,15,16), Daniel e seus três amigos (veja Daniel 2.18).

4. Charles Spurgeon disse: "Veremos que cada atributo do Deus Altíssimo é, por assim dizer, um robusto carneiro cabeceador com o qual poderemos abrir os portões do céu."

D. Aponte para os pesares e necessidades do povo de Deus

1. Davi foi um dos que tomou sobre si o sofrimento de seu povo. Ele chegou a se lamentar pelo sofrimento de seus inimigos (veja Salmos 35.11-13). Em especial, Neemias e Daniel também fizeram uma súplica formidável quando se identificaram vicariamente (substitutivamente) com as dores do povo.

80 A ARTE PERDIDA DA INTERCESSÃO

2. Jeremias, talvez mais do que outros, valeu-se desse tipo de súplica quando defendia seu povo. Ele suplica a Deus que olhe e considere as dores (veja Lamentações 2.20), que lembre, olhe e veja (veja Lamentações 5.1). Ele faz para Deus uma lista bem detalhada dos sofrimentos do povo. Ele não tenta justificar seu povo, pois sabe que merecem o juízo divino.

Deixe-me dar um exemplo contemporâneo: já ministrei 14 vezes no Haiti, um país caribenho. É o país mais pobre do hemisfério ocidental, e é um dos mais pobres do mundo. A renda per capita, antes do recente embargo alimentício, era de 300 dólares por ano. A taxa de desemprego entre os homens adultos na capital Port-au-Prince é de 80%! As doenças se alastram sem freio. Nas periferias próximas, como a cidade de Solle, as condições são horrendas, sem saneamento básico nem banheiros (sequer vi um daqueles precários banheiros externos quando andei nas ruas de Solle). Na década de 1800, o Haiti era chamado de "pérola das Antilhas", e supostamente o nome Port-au-Prince foi inspirado no Príncipe da Paz. Mas o povo estava tão desesperado para se ver livre da dominação francesa que dedicou o país a Satanás, crendo que ele daria o poder para serem livres.

Bem, eles se libertaram da França, mas ficaram escravizados aos poderes sombrios que impulsionam a prática do vodu. Ao mesmo tempo, encontrei ali algumas das pessoas mais adoráveis que já conheci. Meu coração se contorce para ver novamente os muitos e maravilhosos cristãos tementes a Deus que encontrei naquele país. A igreja nativa está se levantando, e minha oração por essa nação entregue às trevas é esta: "Pai, traga esse povo precioso ao arrependimento e quebre os laços satânicos de escravidão que o aprisiona. Restaure a eles a antiga e santa herança e faça deles novamente a pérola das Antilhas. Que Deus se levante, e que seus inimigos sejam espalhados!".

E. Invoque as orações que já foram respondidas

1. Davi lembrou Deus da misericórdia que exerceu no passado: "Tu tens sido o meu ajudador" (Salmo 27.9b). "Desde a minha

Restaurando a arte de fazer valer sua causa   **81**

juventude, ó Deus, tens me ensinado [...]. Agora que estou velho, de cabelos brancos, não me abandones, ó Deus" (Salmos 71.17,18a). Diversos salmos trazem a Deus e ao povo uma lembrança detalhadas das vezes em que ele foi misericordioso (veja Salmos 78; 85.1-7; 105; 106; e 136).

2. Assim como Davi, podemos apresentar argumentos e súplicas para obter mais misericórdia de Deus, fundamentando-os na história, em tudo o que ele já realizou. Mas a tarefa ainda não foi completada. Deus investiu demais para se refrear agora. Apele para que a misericórdia e o poder contínuos vindos de Deus sejam renovados e tragam a vitória final.

3. O que Deus fez por você? De que maneira suas orações foram respondidas no passado? Simplesmente comece a louvar e a agradecer ao Senhor pelas respostas do passado, e uma fé renovada brotará dentro de você por causa das súplicas que você faz hoje.

F. Invoque, traga à memória a Palavra e as promessas de Deus

1. Davi clamou a Deus com uma insistência reverente, humilde e amável, mas uma insistência santa. Ele foi enérgico na busca de cumprimento para as promessas de Deus: "Faze conforme prometeste, para que tudo se confirme, para que o teu nome seja engrandecido para sempre [...]. Por isso teu servo achou coragem para orar a ti. Ó Senhor, tu és Deus. Tu fizeste essa boa promessa a teu servo" (1Crônicas 17.23-26).

2. Salomão orou da mesma maneira. Ele se apegou às promessas que Deus fizera a Davi, seu pai:

"Senhor, Deus de Israel, não há Deus como tu nos céus e na terra! Tu que guardas a tua aliança de amor com os teus servos que, de todo o coração, andam segundo a tua vontade. Cumpriste a tua promessa a teu servo Davi, meu pai; com tua boca a fizeste e com a tua mão a cumpriste, conforme hoje se vê. Agora, Senhor, Deus de Israel, cumpre a outra promessa que fizeste a teu servo Davi, meu pai, quando disseste: 'Você nunca deixará de ter, diante de mim, um descendente que se assente no trono de Israel, se tão somente os seus descendentes tiverem o cuidado de, em tudo, andar segundo a minha lei, como você tem feito' " (2Crônicas 6.14-17). Essas não são palavras desmedidas. Deus falou. Agora Salomão insistia com Deus para ele cumprir sua Palavra.

Durante onze anos, fiz parte da liderança de uma igreja que preparou o terreno para a International House of Prayer (IHOP) em Kansas City, no Missouri. Naquele tempo, tive o privilégio fantástico de participar de inúmeras reuniões de oração conduzidas com inspiração pelo líder principal, Mike Bickle. Reunião após reunião, dia após dia, e mês após mês, Mike e uma enormidade de "pessoas sem rosto" tomavam posição diante de Deus e o lembravam de sua Palavra. Fazendo as orações da Bíblia, fazendo passagens bíblicas virarem intercessão, reivindicando as promessas desse livro grandioso diante de Deus. Essa arte antiga é a intercessão em uma de suas formas mais puras.

G. Invoque o sangue de Jesus

1. Talvez a maior, mais poderosa e respondível de todas as súplicas seja o sangue de Jesus. Dos argumentos que podemos pôr diante de Deus, nenhum prevalece mais do que o sofrimento, o sangue e a morte de seu Filho. Não temos nenhum mérito próprio. Não prevalecemos usando técnicas nem experiência passada. Nenhuma oração do tipo: "Eu conheço o jeito certo" prevalece. Tudo passa pelo sangue de Jesus.

2. Leve à presença do Pai as feridas de Jesus. Lembre o Pai da agonia do Getsêmani. Traga à memória do pai os clamores intensos do Filho de Deus enquanto sofria agudamente por nosso mundo e nossa salvação. Lembre o Pai do Calvário, da hora mais sombria da terra, quando o Filho triunfava sozinho por você e por mim. Brade novamente aos céus o grito triunfante de Cristo: "Está consumado!". Invoque a cruz. Invoque, repetidamente traga à memória suas feridas.

O nome de Jesus e o sangue de Jesus — glorie-se neles, aposte tudo neles e use-os para a glória de Deus e para fazer Satanás se retirar em debandada. Que surja uma geração de pessoas que se deixa consumir por essa paixão e visão do sangue de Jesus.

3.   Ore até ter a segurança de qual é a vontade de Deus. Ore até você receber do Espírito uma visão do que Deus anseia fazer, precisa fazer e espera para fazer. Ore até se sentir abraçado fortemente pela autoridade do nome de Jesus. Depois disso, invoque o sangue de Jesus. O nome de Jesus e o sangue de Jesus — glorie-se neles, aposte tudo neles e use-os para a glória de Deus e para fazer Satanás se retirar em debandada. Que surja uma geração de pessoas que se deixa consumir por essa paixão e visão do sangue de Jesus.

O poder do sangue!

Durante os últimos trinta e poucos anos, eu e minha esposa tivemos o privilégio de conhecer Mahesh e Bonnie Chavda da All Nations Church em Charlotte, na Carolina do Norte. Mahesh viajou o mundo todo. Por meio do autêntico ministério de cura de Jesus Cristo, por meio desse querido e humilde irmão, ele viu cada uma das curas que constam no Novo Testamento, incluindo mortos que voltam à vida.

Certa vez, quando Mahesh estava ministrando no Zaire, na África, ele ficou diante de uma multidão de cem mil pessoas. O Espírito Santo lhe disse para conduzir um culto de libertação em massa. Mahesh respondeu: "Mas, Senhor, onde estão meus ajudadores?".

Nosso grande e persistente Deus respondeu: "Eu sou teu Ajudador! Saiba disto: uma gota do sangue de Jesus, meu Filho, é mais poderosa do que todo o reino das trevas". Com essa revelação

84 A ARTE PERDIDA DA INTERCESSÃO

poderosa, Mahesh deu prosseguimento ao culto e milhares foram purificados, curados e libertados naquele dia.

Que nos juntemos ao evangelista Reinhard Bonnke em sua proclamação em favor de uma "África lavada com sangue!". Que nos levantemos e nos unamos às orações de Spurgeon, Moody, Chavda e outros. Declaremos aquilo que o sangue de Jesus, nosso Messias, realizou por nós.

Venham, vamos refletir juntos

Qual é o resultado final? Qual será o placar no fim de um dia assim? Nosso resultado é esmiuçado pelo profeta Isaías, que declarou pelo Espírito de Deus: "Relembre o passado para mim; vamos discutir a sua causa. Apresente o argumento para provar sua inocência" (Isaías 43.26).[6]

Existe um Reino para ser expandido e estendido. Existem cristãos lavados no sangue que oram, e proporcionam apoio e proteção. Existem milhões de pessoas perdidas que estão morrendo, pessoas que precisam desesperadamente do Salvador. Existem forças malignas para amarrar e banir usando as armas da batalha espiritual. É hora de preparar uma petição para o tribunal, de engendrar argumentos que tenham valor e mérito divinos, fundamentados nas antigas promessas de nosso Deus eterno. Você está preparado para se aproximar da barra do tribunal do Altíssimo como advogado de defesa de seu povo, propósitos e glória? Reúna seus argumentos, examine seu coração e caia de joelhos. O tribu-

---

[6] DUEWEL, Wesley. **A oração poderosa que prevalece**. São Paulo: Candeia, 1996.

Restaurando a arte de fazer valer sua causa 85

nal do Justo Juiz sempre está em sessão e pronto para ouvir seus argumentos e defesas. Que causa você está pronto a apresentar?

Eu escolho interceder com tenacidade! Faz de mim uma pessoa ousada e cheia de fé para invocar, fazer valer as promessas de Deus em uma audiência judicial no tribunal. Pela fé, minhas orações traspassarão as trevas vigentes e permitirão que as promessas de Deus para minha geração sejam cumpridas. Segura-me firme! Toma a mim como propriedade e cumpre seus propósitos nesta geração escolhida!

(Recomendo enfaticamente a leitura do livro *A oração poderosa que prevalece*, de Wesley Duewel. O falecido Leonard Ravenhill chamava esse livro de "enciclopédia da oração". Concordo com ele. Boa parte do que expus sobre o tema "advogando sua causa" foi inspirado ou derivado do conteúdo desse livro. Para mais informações a respeito da intercessão profética, veja meu livro *The Prophetic Intercessor* [O intercessor profético].)

CAPÍTULO 5

Restaurando a Vigília do Senhor

*"Restaurarei o instrumento antigo da Vigília do Senhor que foi
usado e será novamente usado para mudar a expressão
do cristianismo na face da terra." — junho 1991*

Essa palavra profética veio a mim no meio da noite nas planícies do Kansas. Tinha levado comigo 30 pessoas até essa região remota para um retiro de oração em uma casa de campo. Estávamos orando sem parar, divididos em equipes de oração por "horas de vigília" ou períodos de oração, à moda militar com troca de sentinelas. Nosso foco não era a comunhão nem uma lista com pedidos de oração: fomos lá para buscar a face de Deus. Como de costume, tinha escolhido o período entre as 2 e as 3 horas da madrugada porque o Senhor vinha me acordando nesse horário praticamente duas ou três vezes por semana, e isso por mais de uma década.

Enquanto esperava no Senhor, de repente vi a figura de um implemento agrícola antigo, o tipo de arado que costumava ser puxado por cavalos. Quando perguntei ao Senhor o que era aquilo, o Espírito Santo disse "são os instrumentos antigos". Quando perguntei quais eram esses instrumentos, a resposta foi imediata:

"A *Vigília do Senhor* é o instrumento antigo". E essa frase calou fundo em mim e ali permaneceu.

Enquanto permanecia esperando diante do Senhor naquele local silencioso e remoto, vi novamente o implemento e o Senhor disse: "Restaurarei o instrumento antigo da Vigília do Senhor que foi usado e será novamente usado para mudar a expressão do cristianismo na face da terra". Pareceu-me bem semelhante a algo que o Senhor tinha dito ao meu amigo, pastor Mike Bickle, quando ele estava no Cairo, Egito, em 1982. O Senhor lhe falou a respeito de um movimento do Espírito que estava por vir. Ele disse: "Mudarei o entendimento e a expressão do cristianismo sobre a face da terra em uma geração".

Já estava familiarizado com o conceito de "vigiar em oração" presente no Antigo Testamento e no Novo Testamento (não gosto de dizer isso, mas é uma amarga ausência na vida da Igreja em geral). Essa palavra direta vinda do Senhor, dada sob o céu estrelado do Kansas, acendeu em mim uma chama que, em última análise, impulsionou-me a ir para a fronteira da antiga Saxônia, o antigo local da vigília de oração dos morávios em Herrnhut que já descrevi.

Poucas pessoas de fala inglesa usam a expressão "Vigília do Senhor" em nossos dias. Raramente os livros sobre oração a discutem. No entanto, a Vigília do Senhor, ou vigiar em oração, é muito importante para os planos de Deus e de sua maneira ordenada de agir. Jesus ordenou que "vigiássemos" em diversos dos relatos dos evangelhos, especialmente no tempo chamado de "os últimos dias".

Os mestres nos círculos pentecostais e carismáticos já ensinaram muitas coisas a respeito dos "últimos dias". Mas é excepcionalmente pouco o que tem sido ensinado a respeito da *resposta*

88 A ARTE PERDIDA DA INTERCESSÃO

bíblica para o povo de Deus em relação aos últimos dias. Fiz um estudo comparativo dos verbos que Jesus usou em Mateus 24, Marcos 13 e Lucas 21. Nessas passagens ele descreve qual deve ser nossa reação quando virmos terremotos, fome, guerras e rumores de guerras, e assim por diante.

Segue um resumo dessas reações:

Veja Mateus 24:

"Cuidado, que ninguém os engane" (versículo 4).

"Vede, não vos assusteis" (versículo 6, *ARA).*

"Persever[em] até o fim" (versículo 13).

"Vigiem" (versículo 42).

Veja Marcos 13:

"Cuidado, que ninguém os engane" (versículo 5).

"Não tenham medo" (versículo 7).

"Fiquem atentos" (versículo 9).

"Não fiquem preocupados" (versículo 11).

"Persever[em]" (versículo 13).

"Fiquem atentos" (versículo 23).

"Fiquem atentos! Vigiem!" (versículo 33).

"Vigiem" (versículo 35).

"Vigiem!" (versículo 37).

Veja Lucas 21:

"Cuidado para não serem enganados" (versículo 8).

"Não tenham medo" (versículo 9).

"Persever[em]" (versículo 19).

"Levantem-se e ergam a cabeça" (versículo 28).

"Tenham cuidado" (versículo 34).

"Estejam sempre atentos e orem" (versículo 36).

Todas essas declarações podem ser resumidas em três frases principais: "Não tenham medo" (quatro ocorrências), "Perseverem" (quatro ocorrências) e "vigiem". Jesus usou 11 vezes "vigiem", um verbo de destaque — quase três vezes mais do que qualquer outra advertência!

Mais uma vez é possível ouvir sua voz dizendo à Igreja: "A chave que dou a vocês é a 'vigília' ".

Em Mateus 18.19,20, ele nos dá as chaves do Reino, e elas estão vinculadas à oração:

> *Também lhes digo que se dois de vocês concordarem na terra em qualquer assunto sobre o qual pedirem, isso lhes será feito por meu Pai que está nos céus. Pois onde se reunirem dois ou três em meu nome, ali eu estou no meio deles.* (Mateus 18.19,20)

Jesus quer que grupos de duas ou três pessoas se juntem em seu nome e façam pedidos de maneira harmônica, orquestrada. (A palavra grega traduzida por "concordarem" é *sumphoneo* ou harmonioso.) É este o coração da "Vigília do Senhor". Sei que é profundo, mas não é preciso ter doutorado em teologia ou linguística para entender a ideia.

A palavra grega para "vigília" nesses versículos é *gregoreuo* e significa "estar vigilante, alerta, atento".[1] O vigia que fica no muro

---

[1] STRONG, James. **Strong's Exhaustive Concordance of the Bible**. Peabody, MA: Hendrickson Publishers, [s.d.]. **Watch** (G 1127).

90   A ARTE PERDIDA DA INTERCESSÃO

faz muitas coisas. Ele olha com atenção o que está acontecendo e alerta a comunidade quando embaixadores em missão de paz se aproximam da cidade. O soldado responsável abre o portão e baixa a ponte para que os embaixadores entrem. O vigia também avisa a cidade com muita antecedência da aproximação do inimigo. Ele soa o alarme para acordar o povo, pois sabe que "avisar com antecedência é se armar e tomar tenência". Então, o povo pode se apressar e tomar suas posições no muro contra o inimigo antes de ele prosseguir com sua injustiça e entrar na cidade.

Estendendo o tapete de boas-vindas

Precisamos estar atentos para as coisas boas e para os bons mensageiros que Deus envia para seu povo. Precisamos manter a atenção para os que possuem dons e para a vinda da presença do Senhor. Devemos alertar o povo para estender o tapete de boas-vindas, dizendo: "Venham, venham, venham, venham! Anjos de cura, vocês são bem-vindos neste lugar. Espírito do Senhor, tu és bem-vindo aqui. Dons do Espírito, vocês são bem-vindos aqui. Venha, Espírito que convence do pecado, da justiça e do juízo, tu és bem-vindo neste lugar. Venham, venham, venham, venham!". Devemos estender o tapete vermelho para o nome e o sangue de Jesus, e dizer: "Venham!".

Espera-se que fiquemos observando para ver o que o Senhor está dizendo e fazendo. E devemos olhar para os possíveis planos do inimigo. Paulo nos advertiu para não sermos ignorantes quantos aos ardis do diabo (veja 2Coríntios 2.11). Deus quer nos dar informações privilegiadas para eliminar, postergar ou mesmo desmantelar completamente as obras do inimigo e frustrar seus planos malignos.

Mas nós, sendo vigias no muro do Senhor, vamos muito além de qualquer definição encontrada nos dicionários. Deus

Restaurando a Vigília do Senhor 91

quer que olhemos no espelho de sua grandiosa Palavra e tenhamos discernimento das coisas que ele disse e quer que façamos. Então, espera-se que o lembremos das coisas que ele quer fazer. Ao mesmo tempo, Deus fica esperando que nós peçamos a ele para fazê-las. Por quê? Porque ele nos concedeu aquela pequena chave chamada "oração de concordância".

Chaves pequenas abrem portas grandes. Os morávios descobriram uma chave de poder em Levítico 6.13. Nessa passagem, o Senhor diz: "Mantenha-se o fogo continuamente aceso no altar; não deve ser apagado".

Eles acreditavam que o fogo do altar da Nova Aliança era a oração, e agiram de acordo com o desafio colocado por Deus. De fato, os morávios foram capazes de mudar o mundo com essa chave pequena.

Chaves pequenas abrem portas grandes. Os morávios descobriram uma chave de poder em Levítico 6.13. Nessa passagem o Senhor diz: "Mantenha-se o fogo continuamente aceso no altar; não deve ser apagado". Eles acreditavam que o fogo do altar da Nova Aliança era a oração, e agiram de acordo com o desafio colocado por Deus. De fato, os morávios foram capazes de mudar o mundo com essa chave pequena. Deixe-me citar um artigo breve escrito por Leslie K. Tarr, que descreve esse povo notável:

Uma reunião de oração que durou cem anos[2]

Fato: em 1727 a comunidade morávia de Herrnhut deu início a uma "vigília de oração" que continuou sem interrupções por mais de cem anos.

---

[2] TARR, Leslie K. A Prayer Meeting That Lasted 100 Years. **Decision**. Billy Graham Evangelistic Association, maio 1977.

Fato: por volta de 1792, sessenta e cinco anos depois do início daquela vigília de oração, a pequena comunidade morávia tinha enviado 300 missionários para os confins da terra!

Será que existe alguma relação entre esses dois fatos? Seria a intercessão fervorosa um componente fundamental na evangelização do mundo? A resposta para as duas perguntas é um sim categórico, que dispensa explicações adicionais.

A arremetida heroica da evangelização patrocinada pelos morávios não recebeu a atenção que merece. Ainda menos propagada do que suas façanhas missionárias é a reunião de oração que alimentou as chamas do evangelismo!

Durante os cinco primeiros anos de existência, a colônia de Herrnhut deu poucos sinais de poder espiritual. No começo de 1727, a comunidade de aproximadamente 300 pessoas estava desmantelada por causa de dissensões e contendas, um local improvável como sede de um reavivamento.

Entretanto, Zinzendorf e outros fizeram uma aliança para orar e se esforçar pelo reavivamento, que aconteceu em 12 de maio. Os cristãos foram afogueados com vida e poder novos, as dissensões se dissolveram e os não cristãos se converteram.

Olhando em retrospectiva para aquele dia, e para os quatro meses gloriosos que se seguiram, o conde Zinzendorf relembrou: "O lugar todo verdadeiramente representava uma habitação visível de Deus entre os homens".

Um espírito de oração imediatamente ficou evidente na comunhão e continuou durante todo o "verão de ouro de 1727", como os morávios vieram a designar aquele período. Em 27 de agosto daquele ano, 24 homens e 24 mulheres fizeram um pacto de passar uma hora por dia em oração com horário previamente definido. Outros também se alistaram na "intercessão de hora em hora".

Restaurando a Vigília do Senhor   93

"Durante mais de cem anos, todos os membros da igreja morávia se dividiam para fazer a 'hora da intercessão'. Em casa ou no exterior, em terra ou no mar, essa vigília de oração subiu incessantemente ao Senhor", afirmou o historiador A. J. Lewis.

The Memorial Days of the Renewed Church of the Brethren [Os dias memoriais da renovada igreja dos irmãos], publicado em 1822, noventa e sete anos depois da decisão de iniciar a vigília de oração, descreve de maneira pitoresca o movimento em uma frase: "Alguns irmãos e irmãs foram impactados pela ideia de que seria proveitoso separar determinadas horas com o propósito de orar, e, nessas oportunidades, todos seriam lembrados de sua excelência e seriam incentivados, pelas promessas vinculadas à oração fervorosa e persistente, a derramar o coração diante do Senhor".

O diário prossegue citando a tipologia do Antigo Testamento como garantia da vigília de oração: "Mantenha-se o fogo continuamente aceso no altar; não deve ser apagado" (Levítico 6.13). Assim, na congregação há um templo do Deus amoroso, dentro do qual ele tem seu altar e fogo, a intercessão dos santos deve incessantemente subir até ele.

Essa vigília de oração foi instituída por uma comunidade de cristãos com idade média de 30 anos. O próprio Zinzendorf tinha 27 anos.

A vigília de oração conduzida por Zinzendorf e pela comunidade morávia os sensibilizou, levando-os à tentativa de trazer para Cristo povos não alcançados. Seis meses depois do começo da vigília de oração, o conde sugeriu a seus colegas morávios o desafio de um evangelismo ousado nas Índias Ocidentais, na Groenlândia, na Turquia e na Lapônia. Alguns viram a proposta com ceticismo, mas Zinzendorf persistiu. Vinte e seis morávios se apresentaram para missões mundiais, para qualquer lugar onde o Senhor os mandasse.

Os feitos que se seguiram certamente estão entre os pontos altos da história cristã. Nada intimidava Zinzendorf ou seus conterrâneos mensageiros de Jesus Cristo — prisão, naufrágio, perseguição, zombaria, peste, pobreza abjeta e ameaças de morte. Seu hino era um reflexo de sua convicção:

Embaixador de Cristo, sabes onde o caminho te levará? Para as garras da morte, e sobre o manto de espinhos a angústia te afligirá.

Os historiadores da igreja olham para o século XVIII e ficam maravilhados com o grande despertamento na Inglaterra e nos Estados Unidos, que arrebatou centenas de milhares para o Reino de Deus. A figura de John Wesley é predominante nesse movimento poderoso, e boa parte da atenção está centrada nele. Não é possível que tenhamos negligenciado o papel que a ininterrupta vigília de oração teve sobre Wesley e, por meio dele e de seus companheiros, na alteração do curso da história?

É preciso perguntarmos o que aconteceria se houvesse um compromisso dos cristãos do século XX de instituir uma "vigília de oração" em favor da evangelização mundial, mais especificamente de alcançar, nas palavras de Zinzendorf, "aqueles com quem ninguém se importa".

No primeiro capítulo descrevi brevemente meu encontro com o Senhor junto de outros intercessores na torre de vigia morávia em Herrnhut. Mas a história toda é um conto miraculoso de uma chave pequena depois da outra encaixando-se em seu lugar até Deus nos posicionar no Espírito para recebermos a incumbência de orar e de receber capacitação para tanto. De fato, foi uma "chave pequena" que desempenhou um dos papéis mais destacados naquele encontro com o destino.

Depois de o Senhor falar comigo sobre a restauração do "instrumento antigo" da Vigília do Senhor, o estudo da Vigília do Senhor tornou-se uma das paixões da minha vida. Em fevereiro de 1993, levei a equipe de intercessão mencionada no primeiro capítulo à

Restaurando a Vigília do Senhor

República Tcheca para algumas missões de oração intercessória relativas àquela nação renascida, mas a missão verdadeira era cruzar a fronteira até Herrnhut, na Saxônia antiga, localizada na Alemanha Oriental, a fim de reaver a unção da vigília de oração morávia.

Chaves de revelação

Enquanto nos preparávamos, com antecedência, orando pela viagem, o Senhor me concedeu diversas chaves no Espírito. Naquela época, não sabia o que significavam, mas eu as anotei, observei e esperei. O Espírito Santo disse: "Você vai encontrar um homem chamado Christian Winter, e ele tem uma chave" (nunca conhecera nem tinha ouvido falar desse homem antes). O Senhor também mencionou o número "37". Nos dias que se seguiram, o Senhor nos conduziu a Ezequiel 37 (que descreve o vale de ossos humanos secos que Deus trouxe à vida e deles formou um exército poderoso) e a Apocalipse 3.7 (essa passagem fala da "chave de Davi").

Quando chegamos pela primeira vez em Herrnhut, nossa equipe não fez as coisas que normalmente os turistas fazem. Não visitamos os museus nem as igrejas famosas, não fomos aos pontos turísticos nem às compras. Foi-nos dito para irmos a um lugar determinado e nos encontrarmos com um determinado homem que nos levaria direto para sua residência. Descobrimos que, por fim, os visitantes recebiam permissão de subir na torre de vigia, mas era preciso obter uma chave para entrar lá. Esse homem, a quem fomos direcionados, levou-nos para nosso local de hospedagem e era o responsável não oficial pela torre morávia. *O nome dele era Christian Winter!* Foi um acidente? Uma coincidência? E tem mais.

96 A ARTE PERDIDA DA INTERCESSÃO

Christian Winter, que já foi se formar no céu para receber sua recompensa, entregou-me com entusiasmo a chave da torre de vigia morávia quando lhe expliquei nossa missão. Mas Deus tinha mais coisas em mente. Eu não sabia, mas esse senhor carregava no coração a promessa divina de que a Vigília do Senhor seria restaurada! Eu me senti levado a dizer uma frase para esse desconhecido, uma pessoa que tinha conhecido há poucos instantes: "O Senhor está restaurando a antiga Vigília do Senhor, pela qual tanta gente esperou por tanto tempo! Você tem guardado a chave com fidelidade. Agora o Senhor vai abrir a porta e reacender o fogo antigo".

Quando Christian Winter olhou para cima, ele disse: "Você é o terceiro homem que fala exatamente as mesmas palavras para mim".

Nossa equipe de oração passou horas orando em reclusão antes de sairmos e nos aventurarmos na torre de oração morávia. Em 18 de fevereiro, nós andamos juntos pelas ruas estreitas de Herrnhut em direção ao cemitério dos morávios. Nós achávamos que apenas passaríamos pelo cemitério chamado "O acre de Deus" para chegar à torre. Lá, vimos a sepultura de líderes morávios famosos como conde Zinzendorf, Anna e David Nitschmann, junto com a sepultura de muitos missionários que se venderam como escravos para levar o evangelho a culturas e países fechados.

Quando começamos a andar pelo cemitério, tivemos a sensação solene de que havia algo — alguma unção ou poder — que esses santos do passado tinham experimentado. Mas essa unção parecia ter morrido ou partido havia muito tempo. Novamente fui lembrado da palavra do Senhor a respeito do "37", e de como o Senhor já tinha nos conduzido à profecia fascinante de Ezequiel 37 a respeito do vale de ossos secos que voltaram à vida e viraram um exército poderoso de Deus.

O vale de ossos secos

Sentimos que, por algum motivo, precisávamos simplesmente nos sentar e esperar no Senhor. Sabíamos que o Espírito de Deus queria que orássemos, que lidássemos com algo, de algum jeito, antes de prosseguirmos. Então, todos nós nos sentamos no meio do cemitério e ficamos esperando. Sei que isso parece muito estranho, mas, por acaso, olhei o epitáfio da sepultura onde estava sentado e senti uma palpitação do Espírito percorrer meu corpo — eu estava sentado na lápide de Christian David, o homem que o conde Zinzendorf chamava de "o Moisés morávio". Ele fundou a comunidade em 1722, e levou dez grupos diferentes de irmãos refugiados para as terras que o conde tinha doado para a diminuta comunidade cristã. Bem, a lápide de Christian David não estava entre as maiores lápides com inscrições. Novamente: isso foi um acidente? Ou coincidência? Apesar de a razão não explicar essas coisas, não podia simplesmente negar a possibilidade de coincidência a essa altura. Não pude deixar de lembrar que "chaves pequenas abrem portas grandes".

Como observei anteriormente, tive a sensação de que, à semelhança do que aconteceu no passado com Ezequiel, estávamos sentados no vale de ossos secos, e que Deus estava novamente nos perguntando: "Esses ossos podem voltar a viver?". Ezequiel fez a correspondência entre os ossos secos que viu e as estruturas quebradas e fragmentadas do judaísmo de seus dias. Estávamos sentados naquele cemitério que marcava um dos esforços

98 A ARTE PERDIDA DA INTERCESSÃO

mais ricos de oração, devoção e esforço missionário na história da Igreja. Quando o Senhor pareceu nos perguntar novamente: "Esses ossos podem voltar a viver?", em silêncio começamos a declarar os pecados da Igreja. Confessamos a escassez de oração durante gerações, pecados individuais e os pecados atuais da Igreja. E começamos a confessar que a Igreja tinha deixado cair o bastão do espírito de oração.

Foi um tempo de confissão silenciosa. Não houve nenhuma "agonia profunda" nem pranto, não houve nenhuma das chamadas "manifestações impetuosas". Estávamos simples e calmamente declarando nossos pecados diante do Senhor. Depois que se passaram alguns minutos, sentimos que recebemos "permissão" para ir à torre.

Começa a procissão

Minha esposa, Michal Ann, parecia ter tomado a dianteira àquela altura, junto com Susan Shea (hoje Susan Nichols), uma intercessora e dançarina talentosa. Elas começaram a nos conduzir colina acima com canções em procissão profética diante do Senhor. Não estávamos conscientemente sobrepondo nenhuma ideia ou estrutura preconcebida ao processo. O Senhor parecia estar nos levando em uma procissão espiritual de peregrinação semelhante à que se descreve em Salmos.[3] Tínhamos chegado até ali pelo Espírito com um chamado para restaurar o antigo transformando-o em novo, e Deus estava realizando a obra.

---

[3] O autor se refere aos salmos de 120 a 134, também conhecidos como salmos de subida, ascensão, romagem ou peregrinação. Eram os cânticos que os judeus entoavam quando subiam a Jerusalém para as festas. [N. do T.]

Restaurando a Vigília do Senhor 99

Quando chegamos à torre, peguei a chave que Christian Winter tinha me dado e, nesse momento, dei-me conta: estava segurando a "chave de Davi" que o Espírito tinha descrito! A chave para o poder e a eficácia da comunidade dos morávios era a devoção sem reservas a Jesus Cristo e à Vigília do Senhor. Ninguém na história moderna da igreja usou com tanta eficiência ou fidelidade esse "instrumento antigo" quanto Christian David, conde Von Zinzendorf e os cristãos morávios.

A "chave de Davi" que eu tinha em mãos parecia uma chave mestra muito velha, mas funcionou. Abri a porta da escadaria em espiral que leva à torre, e começamos a subida. Tão logo chegamos ao topo, começamos a nos conectar com o Espírito por meio da oração. Já descrevi as duas ondas de intercessão que nos levaram de arrasto, seguidas de duas fortes lufadas de vento. No entanto, é apropriado acrescentar alguns detalhes que propositalmente deixei de fora no relato do primeiro capítulo.

É difícil exagerar na descrição da força feroz e do peso denso que veio do Senhor sobre nós! Minha esposa e minha irmã Barbara estavam comigo, junto com Sue Kellough, uma intercessora profética vinda de Indianápolis que também é uma amiga, conselheira e colaboradora respeitada do nosso ministério. Bem perto, estava James Nichols, um cristão afro-americano fervoroso cujos antepassados vieram de São Tomé e Príncipe, nas Ilhas Virgens, onde pela primeira vez receberam o evangelho dos missionários morávios enviados para servir a população escrava da ex-colônia dinamarquesa centenas de anos antes. Todos nós estávamos bem aglomerados quando a primeira onda de intercessão, junto com a agonia profunda e gemida, tomou conta de nós. Michal Ann lembra-se bem da cena:

100 A ARTE PERDIDA DA INTERCESSÃO

A chave para o poder e a eficácia da comunidade dos morávios era a devoção sem reservas a Jesus Cristo e à Vigília do Senhor. Ninguém na história moderna da igreja usou com tanta eficiência ou fidelidade esse "instrumento antigo" quanto Christian David, conde Von Zinzendorf e os cristãos morávios.

Eu simplesmente fui dominada pelo Espírito Santo naquele lugar de intensa oração. Comecei a chorar incontrolavelmente, e a princípio isso me pareceu quase inadequado. O grupo todo começou a cambalear debaixo do peso que se adensava, mas parecia que Deus estava me usando como um acendedor involuntário para acender uma chama que se espalhou por todo o grupo.

A intercessão que irrompeu foi tão intensa que as pessoas começaram a cair ou a se dobrar até caírem no piso de madeira da torre. Jim costuma ensinar sobre estar "possuído para orar", e penso que o Espírito de Deus literalmente começou a orar por meio de nós à medida que nos rendíamos a ele — todos nós fomos consumidos por esse espírito de intercessão.

A melhor maneira que tenho para descrever é afirmando que senti a aflição e o pesar do Espírito Santo. Podia sentir seu pesar e anseio para que algo santo e poderoso fosse liberado. Quero dizer que foi uma emoção muito forte, como se estivesse chorando do fundo da minha alma em nome do Espírito Santo. Senti como se estivesse expressando seus sofrimentos por meio de gemidos inexprimíveis do Espírito. Não consigo definir a sensação. Tudo o que sei é que estava experimentando os "sentimentos" que vinham do coração dele para o meu.

Esse lugar de oração tão intensa me apanhou de tal maneira que não pensava em nada mais. Nem mesmo me lembro de algum trecho das Escrituras que tenha vindo a minha mente. Eu me concentrei exclusivamente nessa densidade interior que pesava tanto em mim. Era muito profundo, muito concentrado

Restaurando a Vigília do Senhor

e com o foco muito definido. Era um lugar de vulnerabilidade, e eu me deixei ser tomada e sobrepujada pelo Espírito de Deus de tal maneira que avidamente me rendi à oração que ele fazia por meio de mim. Era como entrar em trabalho de parto. Quando chega a hora de nascimento, fica-se exposto, absolutamente vulnerável e nu. Só é possível se concentrar em uma coisa — trazer o bebê à luz na hora determinada.

Lembro-me de algumas pessoas que reagiram ao peso do espírito de agonia profunda que lhes sobreveio caindo no chão ou se dobrando. Fomos ajuntados, e, de início, pareceu estar um tanto frio na torre. No entanto, tudo foi esquecido assim que entramos nesse lugar de oração abandonado. Estávamos orando como "um só homem". Era como se um fogaréu tivesse início. Simplesmente todos foram tomados. Todos nós estávamos concentrados em apenas uma coisa naquele lugar.

De repente, o jugo da oração foi aliviado e o vento veio. Alguns que moravam em Atlanta estavam gravando em fita o evento, e, de fato, foi possível ouvir na fita o vento silvando naquele lugar. O vento e a agonia profunda finalmente amainaram, mas foi somente uma pausa para respirar. O peso denso do Senhor novamente desceu sobre nós. Em uma só voz começamos a entrar em agonia profunda pelo Espírito como se fôssemos instrumentos nas mãos do Deus invisível. O vento impetuoso novamente soprou com força pelas aberturas daquela torre de oração morávia. Senti como se ele estivesse soprando aquela antiga unção de oração ao redor do mundo, de acordo com o espírito de graça que tínhamos acabado de pedir.

Uma grande alegria tomou conta de nós, e começamos a marchar em torno da torre de vigia. Estávamos nos alegrando grandemente no Senhor. Então, sentimos o Espírito liberar uma fé

102   A ARTE PERDIDA DA INTERCESSÃO

vivificante em nós, a fim de soltar ou expedir o espírito de graça para a Vigília do Senhor em países e cidades diferentes ao redor do mundo. O Senhor estava liberando graça para a casa de oração de todas as nações, e para que a Vigília do Senhor fosse liberada em primeiro lugar em 120 cidades do mundo, e depois em 3 mil, de acordo com o padrão encontrado no livro de Atos. Deus estava sobrenatural e simbolicamente cumprindo a profecia que eu tinha recebido nas planícies do Kansas, dois anos antes. O instrumento antigo da Vigília do Senhor estava novamente sendo liberado na terra pelos ventos de Deus.

Os que hoje lideram o bando

Existem muitos outros que também carregam a tocha da oração ininterrupta e da Vigília do Senhor. Entre eles se encontram:

1. Nossos amigos e mentores Mahesh e Bonnie Chavda, que têm promovido desde 1995 "Vigílias do Senhor" durante toda a noite, às sextas-feiras, para erigir um "muro de oração". Isso começou quando Deus lhes mostrou que a intercessão comunitária era o elo perdido entre a renovação e a colheita por vir. Junte-se a eles e a outros em uma reunião de oração durante toda a noite para fazer história diante do trono de Deus!

2. Lou Engle, ex-pastor auxiliar na Harvest Rock Church, em Pasadena, na Califórnia, que tem sentido um peso denso pelas "casas de oração durante 24 horas". Ele tem orado pelo reavivamento durante décadas e lançou O Chamado — um movimento global de oração e jejum, com o objetivo de conduzir ações desesperadas em vista de tempos desesperados (para

Restaurando a Vigília do Senhor

saber mais sobre o assunto, leia o livro *The Elijah Revolution* [A revolução de Elias], do qual somos coautores).

3. O falecido dr. Bill Bright da Cruzada Estudantil, que, em 1994, convocou 2 milhões de estado-unidenses a jejuar e a orar por um reavivamento durante quarenta dias até o ano de 2000. A convocação foi fruto de um jejum de quarenta dias, feito a pedido do Senhor. *The Coming Revival* [O reavivamento por vir], livro escrito pelo dr. Bright, prevê que um reavivamento global importante cobrirá a terra na virada do século.

4. Wesley Campbell, fundador do Revival Now! e Be a Hero Ministries em British Columbia, que conclamou cem mil intercessores a jejuar e a orar em ciclos de quarenta dias. Esse reavivalista dos tempos modernos adverte que "nossa resposta [ao chamado da intercessão] agora é crítica para a magnitude do derramar".[4]

5. Mike Bickle, amigo, cooperador e principal líder da House of Prayer em Kansas City, no Missouri, tem orado com sua equipe em ajuntamentos de harpa e taça[5] sem interrupção por mais de oito anos, pedindo por um despertar sem precedentes e por um reavivamento mundial.

6. C. Peter Wagner, Cindy Jacobs, Dutch Sheets, Chuck Pierce e centenas de outros intercessores têm conduzido iniciativas globais de oração pela janela 10/40 e 40/70, e inauguraram redes de oração em todo o mundo.

---

[4] CAMPBELL, Wesley. 100,000 Intercessors! **Spread the Fire**, Toronto Airport Christian Fellowship, 6. ed., v. 2, p. 15, dez. 1996.

[5] "Harpa e taça" é uma maneira de conduzir o culto, na qual o louvor é entremeado com orações. Os músicos às vezes cantam responsivamente a oração feita por um pastor ou outra pessoa. Você pode assistir a um trecho de um culto "harpa e taça", disponível em: <http://www.ihop.org/theprayerroom/promo/tpr_promo.html>.

104   A ARTE PERDIDA DA INTERCESSÃO

7. Tom Hess, o fundador da House of Prayer for All Nations on the Mount of Olives em Jerusalem, Israel, durante anos tem convocado vigílias de oração incessantes.

8. Dick Simmons, o fundador do Men for Nations na capital estado-unidense, tem sido usado para que o espírito de oração seja transmitido para minha vida e a de centenas de líderes.

No dia do Pentecoste, quando o Espírito Santo foi concedido pela primeira vez, houve vento, fogo e vinho. Houve convencimento do pecado e evangelização, houve sinais e maravilhas, e dons foram distribuídos. E o melhor de tudo é que houve uma apresentação simples deste homem glorioso chamado Cristo Jesus. Agora, com esse "segundo Pentecoste" para a Igreja, estamos vendo o vinho (nas doces bênçãos e nos consolos da renovação), o fogo (na pregação incandescente, nas almas ganhas, no arrependimento e na chamada para a salvação e para o reavivamento por Steve Hill e outros) e o vento do Senhor sinalizando uma colheita grandiosa. Nunca houve mais necessidade de intercessão do que agora.

Querido Deus, quero estar acordado e em alerta nessa hora. Acorda-me se for preciso! Quero me envolver com a Vigília do Senhor na minha cidade. Peço que me equipes e me uses como um de teus Vigias do Último Dia. Coloca-me no seu exército global de oração, e põe mentores no meu caminho para eu ser eficaz no movimento histórico de Deus! Bendito sejas, Senhor, por me incluíres neste crescente exército de oração. Louvores ao Senhor!

CAPÍTULO 6

Restaurando o caminho que sai da oração e chega à presença do Senhor

"O maior obstáculo de hoje ao cristianismo são os cristãos que não sabem como praticar a presença de Deus." — REV. BILLY GRAHAM

Deveria haver uma característica principal para distinguir o povo de Deus. Não são as roupas que vestimos, os penteados do cabelo, nem mesmo as regras que guiam nossa conduta. Mas existe um "sinal de nascença", do tipo que deveria colocar à parte todas as comunidades de cristãos verdadeiros e que deveria se manifestar em amor mútuo. Moisés revela esse sinal de nascença no diálogo que teve com Deus, que está registrado em Êxodo 33.14-16:

> Deus disse: — Eu irei com você e lhe darei a vitória. Então Moisés respondeu: — *Se não fores com o teu povo*, não nos faça sair deste lugar. Como é que os outros povos poderão saber que estás contente com o teu povo e comigo, se não fores conosco? *A tua presença* é que mostrará que somos *diferentes* dos outros povos da terra. (*NTLH*)

> *"Vou ensiná-lo a usar a maior de todas as armas da batalha espiritual: a radiância da minha presença grandiosa".*

Esta é uma chave de grande poder no Reino de Deus. A *presença de Deus* é a característica que nos distingue, e a prova de que encontramos o favor do Senhor! Sem ela, somos como os outros homens. A glória de Deus é "a presença manifesta de Deus", a evidência visível de que a pessoa de Deus apareceu entre nós — e é a coisa mais formidável na vida! Creio que Moisés estava clamando ao Senhor dos Exércitos: "Ó Grandioso, não nos tires daqui a menos que vás adiante de nós. Coloca a *radiância da tua presença grandiosa* sobre nós".

Não é acidente que um dos nomes e títulos dados a Jesus Cristo seja Emanuel ("Deus conosco"). Este capítulo foi inspirado por uma palavra que o Senhor plantou em mim enquanto participava de um culto de avivamento com Michal Ann em outubro de 1994, na comunidade que, naquela época, era conhecida como Toronto Airport Christian Fellowship. Depois que oraram por nós, permanecemos parados, em silêncio, e esperamos o Senhor falar ao nosso coração. O Espírito Santo começou a falar comigo, dizendo: "Vou ensiná-lo a usar a maior arma da batalha espiritual".

Isso, sim, fez minhas antenas espirituais apitarem! Eu não lhe disse nada, mas estava preparado para receber o que fosse daquilo que Deus tinha para mim. De início, o Senhor simplesmente me disse: "Vou ensiná-lo a usar a maior de todas as armas da batalha espiritual". Por fim acrescentou: *"Vou ensiná-lo a usar a radiância da minha presença grandiosa"*.

Restaurando o caminho que sai da oração [...]   **107**

Pouco tempo antes desse episódio, eu estava ministrando na costa leste dos Estados Unidos quando o Espírito de Deus largou uma frase no meu coração. Ele disse: "Vou revelar meu poder em forma bruta". Acho que a igreja se acostumou demais ao "açúcar refinado". Deus quer nos dar algo um tanto menos refinado e menos previsível. Na encantadora série de livros infantis *As crônicas de Nárnia*, C. S. Lewis repetidamente adverte as personagens centrais de que "Aslam, o Leão [uma figura de Cristo], não é um *leão domesticado*". A Igreja precisa redescobrir a verdade de que o Leão de Judá *não é um leão domesticado*. Deus *não é domável*. Ele não pode ser controlado, limitado, manipulado ou obrigado a ser "previsível" por meros seres humanos que acreditam entender tudo a respeito de Deus. Ele é o Deus todo-poderoso, o eterno EU SOU, o Alfa e o Ômega, o Ancião de Dias. Ele quer nos dar algo que é concentrado, condensado e volátil. De tempos em tempos, ele quer nos dar uma chacoalhada, uma "sacudida santa", para mexer conosco, acordar-nos e agitar-nos (mas ele sempre faz isso para nosso bem).

Enquanto escrevo estas palavras, não estou onde estava, nem estou onde estarei nos dias que virão. Estou ainda em outro momento de aprendizagem. É por isso que quero colocar parênteses na afirmação: "Vou ensiná-lo (porque você ainda não chegou lá) a usar a radiância da minha presença grandiosa".

Trabalhando como um arqueólogo espiritual

Às vezes, sinto que Deus me deu uma picareta e uma pá, um martelo e um pincel, para então me dar a missão de ser um arqueólogo do Espírito Santo, e explorar as ruínas do passado em busca de tesouros perdidos (mas isso não é uma queixa).

Existe um tesouro, uma joia da Igreja, que é brilhante e esplendorosa. É a joia da glória de Deus, a manifestação de sua pessoa gloriosa em nosso meio. É sua presença incomparável em toda sua radiância. Precisamos redescobrir, recuperar e recolocar em exibição a Joia da família! Também creio que Deus está dizendo o seguinte à Igreja mundial: "Vou ensiná-la a usar a radiância da minha presença grandiosa".

Costumo usar uma cruz que recebi de presente, objeto que passou a ser muito especial para mim. É uma cruz morávia que traz a figura de um cordeiro portando uma bandeira de vitória. O lema dos morávios no século XVIII era "ganhar para o Cordeiro as recompensas de seu sofrimento". Como observei anteriormente, eles começaram a "Vigília do Senhor", uma vigília contínua de oração que durou mais de um século depois que o Senhor iluminou o entendimento do conde Von Zinzendorf para a passagem de Levítico 6.13, que diz: "Mantenha-se o fogo continuamente aceso no altar; não deve ser apagado".

Os morávios, sob a liderança do conde Von Zinzendorf, reconheceram o poder na chave do Senhor que foi revelada em Levítico 6. Então eles decidiram aceitar a tarefa de manter aceso um fogo contínuo de oração, intercessão e adoração, que queimava diante da presença do Senhor. Tenho dúvidas se eles perceberam que de fato manteriam o fogo ardendo, quente e puro por mais de cem anos, mas eles começaram com um comprometimento pessoal com a tarefa.

No começo, um total de 48 mulheres e 48 homens se apresentaram para orar. Durante uma vigília de uma hora, dois homens oravam juntos e duas mulheres oravam juntas, até que o grupo

Restaurando o caminho que sai da oração [...]   **109**

seguinte assumisse. Esse padrão foi repetido o tempo todo, dia após dia, semana após semana, durante mais de cem anos! O calor fervente gerado pelo fogo sacrificial da oração contínua que faziam acendeu os fogos de reavivamento que lançaram iniciativas missionárias pioneiras e ajudaram a dar à luz o primeiro grande despertamento por meio de sua influência santa sobre homens como John e Charles Wesley.

Tudo isso se junta na revelação simples que Deus me deu na República Tcheca. O que mencionei merece ser repetido mais uma vez. Deus me perguntou: "Você já considerou a dimensão multidirecional da oração?". Então ele disse: "Lembre-se, o que sobe tem de descer".

Nossas orações sobem a Deus como um *incenso* de aroma adocicado, e ele responde lançando-as de volta para a terra como orações respondidas acompanhadas de seu fogo. O Antigo Testamento descreve em detalhes o incenso especial oferecido a Deus no tabernáculo de Moisés todos os dias:

> Porás o altar defronte do véu que está diante da arca do Testemunho — diante do propiciatório que está sobre o Testemunho — *onde me encontrarei contigo*. Aarão fará fumegar sobre ele o *incenso aromático*; cada manhã, quando preparar as lâmpadas, ele o fará fumegar. Quando Aarão acender as lâmpadas, ao crepúsculo, o fará fumegar. Será um *incenso perpétuo* diante de Iahweh, pelas vossas gerações. (Êxodo 30.6-8, *BJ*)

> Disse ainda o Senhor a Moisés: "Junte as seguintes essências: bálsamo, ônica, gálbano e incenso puro, todos em quantidades iguais, e faça um incenso de mistura aromática, obra de perfumista. Levará sal e será puro e santo. Moa parte dele, até virar pó, e coloque-o diante das tábuas da aliança, na Tenda do

110   A ARTE PERDIDA DA INTERCESSÃO

Encontro, onde me encontrarei com você. O incenso lhes será santíssimo". (Êxodo 30.34-36)

O Novo Testamento nos ordena a orar continuamente (1Tessalonicenses 5.17). Isso é um paralelo perfeito com a ordem de Deus a Moisés e a Arão referente ao odor adocicado do "incenso perpétuo" que deveria recender no Lugar Santíssimo a partir do altar do incenso. Logo que comecei a estudar esses versículos no livro de Êxodo, minha mente engrenou e pensei: *Tem lógica. Se eu conseguir entender o que é cada um desses ingredientes, então será possível descobrir algo sobre o que Deus recebe como um sacrifício de oração aceitável.*

Quais são os ingredientes da oração?

É extremamente interessante Deus afirmar que os quatro ingredientes devem ser misturados em porções iguais. É uma referência ao equilíbrio. Muitas pessoas (até mesmo eu) tem ensinado técnicas de passo a passo para a oração, usando títulos como "os sete passos para ter a oração atendida". Esses sermões são bons e, na maioria, têm conteúdo válido, mas, na verdade, não existem sete passos para ter a oração atendida. A realidade que descobri é que a oração não é uma técnica. Nem chega a se parecer com isso. A oração também não é uma metodologia. Orar é entrar em comunhão com uma Pessoa. Orar é simplesmente *estar com Deus*.

A despeito dos rituais elaborados e dos passos de purificação estabelecidos na lei de Moisés, Davi, o rei pastor, passou direto por tudo isso e se sentou à sombra da arca da aliança no monte Sião, e entrou em comunhão com Deus, um coração se comunicando com outro (veja 1Crônicas 17.16). Ele não era da linhagem dos sacerdotes aarônicos, não tinha as mesmas credenciais,

Restaurando o caminho que sai da oração [...]   **111**

nem pertencia à tribo de Levi. Apesar de a entrada no Lugar Santíssimo ser permitida apenas ao sumo sacerdote, e mesmo assim somente um dia no ano, Davi literalmente se sentou diante do Senhor, e talvez tenha feito isso em diversas ocasiões. Por quê? Porque orar é entrar em comunhão, e Davi tinha um coração segundo o coração de Deus. (Esse fato é ainda mais impressionante quando você se dá conta de que tudo isso aconteceu antes de Jesus morrer na cruz e remover o véu que separava Deus do homem. A intensidade do amor de Davi ultrapassou a barreira entre ele e Deus).

Orar é entrar em comunhão com uma Pessoa.

Orar é simplesmente estar com Deus.

Temos de apertar o passo, deixando para trás as metodologias tecnicamente corretas para chegar ao coração de Deus. Precisamos nos achegar a ele. Precisamos tê-lo. Sei que o Antigo Testamento trata de entrar nos átrios de Deus com louvor, e, em suas portas, com ações de graças, mas a questão não é a técnica. A questão é a Pessoa. Estamos indo em direção ao Pai. Estamos indo na direção do glorioso Filho que nos ama, nos conhece e deu sua vida por nós. Estamos indo na direção daquele sobre quem o livro de João afirma estar "junto do Pai" (João 1.18).

Mais do que uma metodologia

Sinto até uma pequena hesitação em falar a respeito das quatro qualidades do incenso da oração, mas, se conseguirmos evitar que isso se transforme em uma metodologia, seremos ajudados na jornada que sai da oração e chega à presença radiante de Deus.

112   A ARTE PERDIDA DA INTERCESSÃO

1. O bálsamo, ou benjoim, era um tempero adocicado. Era encontrado nos arredores da fronteira norte, entre Israel e Síria. Levava-se um dia inteiro de jornada a pé para chegar às árvores que secretavam lentamente a resina que, ao ser aquecida, resultava na especiaria chamada de *benjoim*. Os nomes em grego e hebraico para essa especiaria significam "escoar lentamente ou gotejar". Às vezes, esse nome era usado como metáfora para o momento em que a Palavra de Deus emergia, ou para o ato de profetizar. Nos dois casos, o nome cria a imagem de algo que, tendo sido reservado dentro de você, derrama-se lentamente ou borbulha por causa de uma abundância interna.

Quando guardamos dentro do coração o *logos*, ou a Palavra de Deus escrita, então esse *logos* pode virar palavra falada, a Palavra *rhema* de revelação para nossa vida quando o vento de Deus sopra. A primeira qualidade do incenso da oração aceitável é um rico armazenamento da Palavra de Deus em nossa vida, que escorre lentamente quando é requisitada para se derramar sobre outras pessoas. A oração habita a Palavra viva, que obviamente é Cristo.

Paga-se algum preço para armazenar a Palavra de Deus em nossa vida. O preço a ser pago é o tempo e uma mudança de prioridades. Isso normalmente joga você em situações complicadas, mas vale a pena. Uma vez que você encha seu coração com a especiaria adocicada da Palavra de Deus, ela escorrerá lentamente de cada poro de sua vida e permeará suas orações com uma doçura que agrada a Deus e abençoa todos a quem toca.

2. Ônica é um pó aromático bem fino feito da concha de um molusco encontrado no mar Mediterrâneo. Embora a distância a ser percorrida para obter a ônica fosse menor do que para o benjoim, esse pó só era obtido com uma viagem longa até o mar para se ajuntar um tipo particular de molusco ou mexilhão. As conchas do molusco eram trituradas até virarem um pó fino, que

Restaurando o caminho que sai da oração [...] **113**

então era queimado no fogo para produzir o aroma adocicado tão vital para o incenso santo.

Nossa vida deve liberar continuamente um aroma de oferta perfumada para o Senhor. Mas como a ônica da mistura do incenso do Antigo Testamento se encaixa nesse quadro? Você já se sentiu triturado até virar pó, ou despedaçado por uma tentação ou situação? Você já foi "queimado" por ações impensadas ou deliberadas de outras pessoas? A oração que você oferece depois de aguentar esses acontecimentos carrega o aroma de ônica. Guerreiros de oração cheios de cicatrizes exalam ônica. A oração é um estilo de vida quebrantado diante de Deus. A oração é a comunhão envolta no aroma doce de uma especiaria prensada chamada humildade e quebrantamento. Das profundezas do quebrantamento Davi escreveu: "Os sacrifícios que agradam a Deus são um espírito quebrantado; um coração quebrantado e contrito, ó Deus, não desprezarás" (Salmos 51.17).

3. O gálbano é uma "resina acre e aromática, que pode ter cor amarela, verde ou marrom, e é extraída de diversas plantas asiáticas".[1] A palavra no original hebraico é *chelbenah*, que significa "riqueza ou opulência", sugerindo que o gálbano vem da parte mais rica ou da melhor parte.[2] O gálbano é a substância oleosa que se usa para *agregar todos os outros elementos*.

"Deus é bom", essa é a convicção que supera todas as outras, e tal convicção servirá para manter a unidade da sua vida e ajudá-lo a levar unidade entre os irmãos que possuem qualidades diferentes e crenças diversas. Com demasiada frequência, temos permitido a divisão em "partidos", que têm como fundamento

---

[1] **Merriam-Webster's Collegiate Dictionary**, 10. ed., All.

[2] STRONG, James. **Strong's Exhaustive Concordance of the Bible**. Peabody, MA: Hendrickson Publishers, [s.d.]. **Galbanum** (2464).

aspectos específicos da verdade ou ênfases particulares. Por exemplo, as pessoas do "partido da Palavra" comem a Palavra de Deus. Elas conhecem e amam a Palavra, pregam e proclamam a Palavra, e oram para a Palavra. Às vezes o fazem em detrimento da misericórdia e do quebrantamento. O "partido do quebrantamento" inclui diversas "pessoas com inclinações avivadas" que, às vezes, parecem entrar em uma competição velada para ver quem se rebaixa mais para elevar Deus ao máximo. Tudo muito bem, mas isso é uma peça no quadro mais completo. Precisamos de todos os partidos, e de suas verdades correspondentes, trabalhando em uníssono. Precisamos de uma proporção igual de extravagância, riqueza e opulência vindas de nosso bom Deus para nos unir em harmonia.

Michal Ann, minha esposa, recentemente passou por um impressionante Encontro com Deus. A presença manifesta veio até nosso quarto, e uma voz lhe disse: "Receba a bondade de Deus no seu corpo". Desde então, ela vem estudando as palavras "bondade e misericórdia". Acredite, você ouvirá mais sobre esse assunto no futuro. Isso abalou o mundo dela e a colocou em outra órbita. Receba a bondade de Deus na sua vida bem agora! Ela o transformará.

Para receber algo de Deus, é preciso "crer que ele existe e que recompensa aqueles que o buscam" (Hebreus 11.6b). O Deus que, de forma voluntária, deu-nos seu Filho também nos dará voluntariamente todas as coisas, e é nisso que precisamos acreditar. Precisamos acreditar na riqueza, na opulência e na bondade de Deus.

4. Incenso puro é "uma resina proveniente da casca das árvores do gênero Boswellia. Quando a resina âmbar seca, forma-se um pó branco nas gotas de incenso puro, dando assim origem a seu nome semita. Nos tempos bíblicos, a maior parte do incenso puro vinha de Sabá, no sul da Arábia, ou passava

Restaurando o caminho que sai da oração [...]   **115**

por lá.[3] A palavra hebraica para incenso puro é *lavona*, cujo significado literal é "ser branco".[4] Talvez seja uma prefiguração da justiça que recebemos quando Cristo, descendente ou do ramo de Davi, foi pendurado no madeiro e derramou seu sangue. Quando o sangue do Cordeiro secou em cima do madeiro e da terra, fomos feitos "justiça de Deus em Cristo" pela graça e amor de Deus. É o sangue, derramado e aspergido sobre nós, que nos purifica de todo pecado. É mediante o sangue que somos vestidos com vestes brancas e qualificados para entrar no Reino.

Somente o incenso recém-preparado servia. Eu e você não podemos viver das orações feitas no passado. Não é possível prosperar com base no relacionamento, intimidade ou comunhão que desfrutamos ontem com o Senhor.

Recém-preparado

É importante lembrar que os ingredientes do incenso puro eram comprados diariamente e misturados em proporções iguais. O incenso não podia ser armazenado. Somente o incenso recém-preparado servia. Eu e você não podemos viver das orações feitas no passado. Não é possível prosperar com base no relacionamento, intimidade ou comunhão que desfrutamos ontem com o Senhor.

Diariamente, precisamos abrir caminho até sua presença para sermos renovados, transformados, preenchidos com sua glória e

---

[3] HARRIS, R. Laird Gleason; ARCHER JR. L.; WALTKE, Bruce K. (Ed.). **Theological Wordbook of the Old Testament**. Chicago, IL: Moody Press, 1980. v. 1, lebona. **Frankincense** (n. 1074.4), p. 468.

[4] STRONG, James. **Strong's Exhaustive Concordance of the Bible**. Peabody, MA: Hendrickson Publishers, [s.d.]. **Frankincense** (n. 3828).

para recebermos autoridade. Recebemos a incumbência de acender a chama da oração e de oferecer incenso de cheiro adocicado preparado com partes iguais de *benjoim*, a abundância efervescente da Palavra de Deus que habita em nós; *ônica*, a especiaria doce e triturada da humildade e do quebrantamento; *gálbano*, a fé robusta e resistente de que Deus é bom; e o *incenso puro*, a justiça de Cristo que é aspergida no coração e que ali seca, cobrindo-o com a brancura e santidade que servem a Deus.

Os sacerdotes do passado cuidavam do fogo de Deus e levavam o incenso adocicado e o fogo para dentro do Santo dos Santos. Os sacerdotes usavam vestes de linho branco, e a borda do manto era adornada com romãs intercaladas com sinos. Isso se refere à bênção dupla de Deus. Enquanto eu orava por minha esposa, o Senhor me revelou que ele anseia nos ungir com uma bênção dupla, assim como Eliseu recebeu unção dobrada quando Elias subiu aos céus. Deus deu à Igreja nove dons (simbolizados pelos sinos, indicando que os sacerdotes de Deus estão vivos e bem), e nove frutos do Espírito (simbolizados pelas romãs). Quando entramos em sua presença, vamos em direção à "bênção dupla" da plenitude do caráter de Deus e da plenitude de seu poder.

Era na presença de Deus — do outro lado do véu da separação — que os sacerdotes de Arão se aproximavam da arca da aliança que continha símbolos da autoridade de Deus (representada pela vara de Arão que brotava); a provisão de Deus no pão da vida (marcada por um pote do maná que Deus enviou dos céus); e o governo e a ordem de Deus (simbolizados pelas tábuas de pedra com os Dez Mandamentos). Só era possível se aproximar dessas coisas mediante a misericórdia, simbolizada pelo propiciatório que ficava entre os querubins de Deus.

Restaurando o caminho que sai da oração [...]   **117**

Essa é uma bela descrição da legítima Igreja dos redimidos, a Igreja cheia da fumaça de cheiro adocicado da oração, do louvor, da adoração e da intercessão. É nesse lugar que Deus diz: "Aí terei comunhão com você". É nesse ponto que vemos a abundância de dons santos, frutos, incenso, santidade, misericórdia e autoridade e o governo soberano de Deus unidos pelo amor da aliança.

O segredo da maturidade e da pureza da Igreja se encontra no caminho que sai da oração e chega à presença de Deus. *Precisamos* obter a característica que distingue o povo legítimo de Deus! Não havia nenhuma *luz natural* no Lugar Santíssimo, porque não era necessária nem bem-vinda. Assim como as Escrituras dizem que o próprio Deus será a luz para seu povo, em sua presença não precisamos de nenhuma luz natural (conhecimento natural ou terreno, ou a sabedoria do homem). A única luz que preenche o Lugar Santíssimo é a luz da sua presença radiante, brilhante. Em nossos dias, chamamos essa luz de a glória *shequiná* — a glória ou presença manifesta de Deus.

Um dilema solucionado

A oração, em particular a oração intercessória, tem desempenhado um papel fundamental na minha vida e no meu ministério durante anos. Gosto de uma briga. Adoro ver as obras do Diabo destruídas. Por isso tenho refletido sobre as diversas doutrinas que tratam da batalha espiritual e examinei minhas experiências à luz da Palavra de Deus. Tenho me encontrado com líderes de intercessão ao redor do mundo para melhorar minha compreensão sobre temas controversos relacionados com principados, poderes e outras coisas dessa natureza. Deus solucionou imediatamente todas as dificuldades quando me disse: "Vou ensiná-lo a usar a

118 A ARTE PERDIDA DA INTERCESSÃO

maior de todas as armas da batalha espiritual, que é a radiância da minha presença grandiosa". Você quer vencer? Deixe-se embeber na presença dele!

Quando ficamos perto de uma pessoa que fuma, o cheiro da fumaça impregna a roupa (e os pulmões) de maneira tão forte que outras pessoas pensarão que também somos fumantes! Por quê? Porque o cheiro da fumaça envolve você por todos os lados. Quando começamos a passar tempo com Deus, acontece *a mesma coisa*. No mundo dos homens, talvez as pessoas não consigam descrever isso, mas elas se sentirão atraídas pelo aroma da misericórdia, da graça e da vida que permeará sua existência. No mundo espiritual, os demônios do inferno começarão a notar que você se parece um pouco com Deus — você tem o mesmo cheiro dele, emite a incandescência de uma luz mortal que eles temem. Sua presença os lembrará da presença divina. A fumaça que fica em volta do propiciatório de Deus será absorvida por seu espírito. A atmosfera dos céus entrará em você.

Questões do coração

Como fazemos para sair da oração e chegar à presença de Deus? É uma questão que diz respeito ao coração. Não direi que são necessários cinco passos. Não posso fazer isso porque não conheço os cinco passos (apesar de ter achado que os conhecia). Tudo o que posso dizer é parecido com o que disse Heidi Baker, de Moçambique, na África: "Deus está procurando por amantes prostrados!". Então, que prostremos nossa vida e aprendamos a misericórdia, e Deus nos encontrará para entrar em comunhão conosco nessa situação.

Restaurando o caminho que sai da oração [...]   **119**

Hebreus 4.16 nos diz: "Assim, aproximemo-nos do trono da graça com toda a confiança, a fim de recebermos misericórdia e encontrarmos graça que nos ajude no momento da necessidade". Jesus disse: "Vão aprender o que significa isto: 'Desejo misericórdia, não sacrifícios'. Pois eu não vim chamar justos, mas pecadores" (Mateus 9.13). Deus tem comunhão conosco no propiciatório. Isso não desaparece, é a própria atmosfera e ambiente da presença dele.

Isso vai ao âmago daquilo que chamamos de religião. A religião do homem é julgamento baseado em críticas, legalismo e polêmica. Deus não quer que funcionemos com base no julgamento. Ele quer que operemos com base no propiciatório.

Rex Andrews foi um homem que andou com Deus, mas se desviou na década de 1940. Então Deus o alcançou com sua misericórdia e o transformou, e ele voltou para o Senhor. A presença de Deus foi restaurada imediatamente. Em 1944, no auge da Segunda Guerra Mundial, Deus revelou a esse homem, por meio do dom da profecia, o que é misericórdia. Deus lhe disse:

> A misericórdia é sistema divino para suprir todas as necessidades em todos os lugares. Misericórdia é essa gentileza, compaixão e ternura, uma paixão para sofrer junto com outra pessoa; é participar de suas enfermidades ou maldades a fim de aliviar, curar e restaurar — aceitar o outro de maneira livre e alegre como ele é — e suprir a necessidade das coisas boas da vida para edificar, trazer paz e manter a paz. É colocá-lo dentro do coração tal como ele é, apreciá-lo e nutri-lo. A misericórdia toma os pecados, as maldades e as falhas de outra pessoa como se fossem seus, e libera a pessoa carregando-os até a presença de Deus. Isso se chama incandescência do amor. Essa é a unção.

Não sou quem era. Não sou quem ainda quero ser. Anseio ser uma pessoa na presença divina — alguém que passa tempo com Deus e depois libera a radiância de sua presença grandiosa para o mundo.

Mesmo guardando a Palavra, pedindo a cruz do quebrantamento, andando na realidade de que Deus é bom e que estamos unidos em sua extravagância, riqueza e opulência, e nos vestindo com o dom da justiça que está disponível para nós por causa do sangue de Jesus — há algo mais. Quando pegamos esse incenso recém-misturado e o oferecemos na chama da oração ardente, atravessando com ele o véu, *permanece sendo necessária uma coisa*. Precisamos de *misericórdia* para edificar nossa vida.

Anseio ser uma pessoa na presença divina. Não sou quem era. Não sou quem ainda quero ser. Anseio ser uma pessoa na presença divina — alguém que passa tempo com Deus e depois libera a radiância de sua presença grandiosa para o mundo. O Senhor busca pessoas assim, que simplesmente se achegam para *estar com ele*. Ele quer uma nação de reis e sacerdotes que diligentemente sairão da oração para chegar à sua presença, carregando a característica que distingue seu povo — *Deus conosco*.

Creio que a Igreja tem ministrado comunitariamente no altar do incenso durante os últimos vinte anos, mas, em certo sentido, nunca entrou onde a presença divina habita. Bem, é como se estivéssemos cruzando o limiar e, através do véu, entrando no lugar de sua presença manifesta. É um novo início, um outro começo. É por isso que um vento novo está soprando sobre a terra, um vento chamado renovação, reavivamento — e uma fome pelo despertamento que virá.

Restaurando o caminho que sai da oração [...]   **121**

O que o Senhor pede de nós? Ele está nos chamando para estar com ele. É hora de cruzar para o outro lado, de habitar em sua presença: "Venham, venham, venham!", diz o Senhor. "Venham, venham, venham diante de mim".

A oração não é uma técnica. A oração não é uma metodologia. A oração não é questão de "passo 1, 2 e 3". É nos achegarmos a uma Pessoa e ficarmos saturados da comunhão dessa presença grandiosa e gloriosa. Deus está restaurando o fogo sobre o altar em sua Igreja hoje. Nos últimos quinze ou vinte anos, chamas de oração renovadas têm envolvido a terra. Isso é maravilhoso! É a primeira vez que essas chamas renovadas irromperam com essa intensidade em escala global. Mas quero dizer a você que Deus está prestes a nos levar para algo ainda mais profundo — pois isso não é uma questão de técnica nem de conhecimento. Não gira em torno dos seminários que frequentamos, nem das fitas ou DVDs que compramos. A Igreja está aprendendo outra vez aquilo que os morávios e outros descobriram quase meio milênio atrás. A coisa mais grandiosa na vida é ser capaz de tocar o coração de Deus e experimentar o coração dele tocando você. É hora de entrar e se aquecer na luz de sua presença radiante.

Ensina-me a usar a maior de todas as armas da batalha espiritual — a radiância de sua presença grandiosa. Quero ser o vetor que espalha tua presença contagiosa. Clamo como Moisés: "Que tua presença vá adiante de mim!". Escolho gastar tempo contigo, Senhor, para que eu esteja armado com tua força, teu poder e presença. Para tua honra e glória! Amém!

CAPÍTULO 7

Restaurando a casa de oração para todos os povos

E [Jesus] os ensinava, dizendo: "Não está escrito:
"'A minha casa será chamada casa de oração para todos
os povos?'". (veja Marcos 11.17)

Sou grato por estar vivo hoje. Estamos testemunhando o Filho de Deus entrar novamente na casa de seu Pai com zelo abrasador, virando as mesas e agendas de homens indóceis. Mais uma vez, o Cordeiro de Deus irrompeu na casa de seu Paizinho, sendo consumido pelo zelo do Senhor dos Exércitos. Ele não se contenta em apenas virar a mesa de nossa pompa e circunstância religiosa, ou das programações que agradam aos homens. Ele está desfazendo as jaulas que construímos com a rigidez religiosa no intento de restringir e controlar a Pomba de Deus, o Espírito Santo! Quase consigo ouvi-lo dizer: "Minha Pomba, os homens acharam que tinham prendido você em uma jaula, mas vou chacoalhar essa jaula mais uma vez e enviá-la. Pois, onde o Espírito do Senhor está, ali existe liberdade".

Quase consigo visualizar a cena no templo de Herodes, quando se gerou uma comoção à medida que o Espírito de Deus se movia sobre as crianças no templo. Consigo visualizar o Espírito fazendo

Restaurando a casa de oração para todos os povos **123**

até mesmo a menor das crianças profetizar e cantar louvores em êxtase. Quase que em voz alta, consigo ouvir as murmurações de desaprovação da multidão religiosa: "Não se viu tal coisa antes, e nós não gostamos disso".

O zelo do Senhor dos Exércitos está à solta na terra. O poder e a unção na Igreja estão aumentando em intensidade, à medida que Deus libera o zelo pela casa do Senhor sobre seu povo. Isso gera ousadia santa e um inextinguível espírito de oração. Esse fato se deriva do santo ciúme de Deus, que está declarando em voz alta: "Estou chegando para assumir o comando da minha casa, e para reivindicar minha casa para mim". No Espírito, posso ouvir Jesus afirmando para esta geração de cristãos:

> Vocês fizeram da minha casa um esconderijo para ladrões, mas eu digo que a casa do meu Pai será chamada de casa de oração em favor de todos os povos. Assim como aconteceu nos últimos dias do meu ministério terreno, também deve acontecer nos últimos dias de meu ministério pelo poder do Espírito Santo. O zelo pela casa do meu Pai virá sobre vocês, e haverá uma declaração pronunciada com bravura nos últimos dias.
>
> Haverá compreensão do que foi publicado: a casa do Pai não é, antes de tudo, uma casa de pregação. A casa do Pai não é, antes de tudo, uma casa de sacramentos. A casa do Pai não é, antes de tudo, uma casa de comunhão nem de dons sobrenaturais. A casa do meu Pai terá muitas dessas coisas, mas a casa de meu Pai será conhecida, antes de tudo, como casa de oração em favor de todos os povos — de pessoas sendo edificadas em união, de pessoas santas, inflamadas e compassivas; de pedras vivas sendo reunidas enquanto buscam minha face. E haverá uma fumaça que sairá dessas pedras vivas que estão sendo edificadas. E o sinal de fumaça subirá até o mais alto céu e lá será recebido. Essa fumaça é chamada de incenso da oração (veja Salmos 69.9 e João 2.17).

124   A ARTE PERDIDA DA INTERCESSÃO

Em Marcos 11.17 Jesus disse: "Não está escrito: '*A minha casa será chamada casa de oração para todos os povos*'? Mas vocês fizeram dela um '*covil de ladrões*' ". Jesus Cristo pessoalmente purificou o templo, tirando de lá os comerciantes que tinham profanado e corrompido a "casa de oração" de seu Pai. Os quatro evangelhos registram em detalhes essa demonstração do ciúme zeloso de Deus (veja Mateus 21.12,13; Marcos 11.15-17; Lucas 19.45; João 2.14). No relato de João se diz que o próprio Jesus fez um chicote de cordas para usar. O Senhor condenou as ações de homens ao dizer: "Vocês transformaram a casa do meu Pai em algo que nunca deveria ter se tornado! Vocês fizeram dela um covil de ladroagem". Cristo citou o rolo de Isaías antes de declarar que a vontade, o propósito e o coração do Pai tinham sido aviltados (veja Isaías 56.7).

Ele disse que a casa de Deus deveria ser marcada pelas orações em favor de todos os povos. A palavra grega para as nações é *ethnos*. Deus pretendia que sua "casa de oração" assumisse uma "postura intercessora e redentora", no mundo todo, cujo alcance vai bem além de Israel. Cada cristão desse sacerdócio real é chamado para adoração, louvor, oração e intercessão.

Embora a oração ou a adoração nunca sejam citadas nominalmente entre os dons espirituais da graça (*charisma* no grego), como são o dom da fé ou do discernimento de espíritos, vemos, de fato, que existe uma unção sobre o sacerdócio levítico do Antigo Testamento que prefigura a unção sobre a nova ordem de sacerdotes debaixo do sangue. Em vez de separar uma pequena família de adoradores, Deus marcou toda uma nação de fé com seu sangue, tomando-a para si.

Em que posição a oração fica na lista de dons?

O capítulo 4 de Efésios descreve os dons de liderança (*doma*, em grego) de apóstolos, profetas, evangelistas, pastores e mestres, mas a oração e o louvor não são mencionados nessa lista. No entanto, depois de questionar nosso Pai diversas vezes, cheguei à firme convicção de que Deus os omitiu propositadamente. Por quê? Porque, sendo cristãos segundo o Novo Testamento, na presença de Deus Pai e de Cristo, fomos chamados diante do trono de Deus para oferecer sacrifícios contínuos de adoração, louvor e oração (o que inclui a intercessão).

A adoração é o ato e a atitude de sinceramente dar de si mesmo a Deus, com todo seu espírito, alma e corpo. *Proskuneo* é a palavra grega traduzida por "adoração". Significa "beijar, assim como um cachorro lambe a mão de seu dono; prostrar-se em homenagem, reverência e devoção" (veja Mateus 4.10). Jesus disse à mulher samaritana, estando ela junto ao poço, que Deus estava buscando aqueles que o adorassem em espírito e em verdade (veja João 4.23).[1]

Interceder significa fazer um pedido a um superior. A oração é o meio que temos de pedir ao amoroso Deus Pai uma intervenção em nosso favor, de dia e de noite (veja Lucas 11.13). A oração é a chave para liberar as bênçãos divinas de uns para os outros, para salvação, cura, unção e qualquer outra necessidade pessoal ou comunitária. Espera-se que oremos em favor de pessoas, cidades, igrejas, nações, grupos familiares e milhares de tribos na terra.

---

[1] STRONG, James. **Strong's Exhaustive Concordance of the Bible**. Peabody, MA: Hendrickson Publishers, [s.d.]. **Worship** (n. 4352).

126   A ARTE PERDIDA DA INTERCESSÃO

De acordo com os capítulos 5 e 8 de Apocalipse, a adoração e a oração representam nossa união, como se fôssemos a vestimenta inteiriça usada pelos sacerdotes de Deus — juntados, unidos e amalgamados. Deus está em busca de pessoas que adoram *e* oram! Ele disse a Ezequiel que não tinha encontrado ninguém para ficar na brecha e interceder, e ele ficou horrorizado (veja Ezequiel 22.30).

Um coração que se curva em devoção

Expressões de oração e adoração sempre aparecem juntas em todo o Novo Testamento. Quase todos os que pediram a intervenção de Jesus para a própria vida, ou para atender a uma necessidade, *em primeiro lugar* se aproximaram de Jesus e se curvaram respeitosamente diante dele. A adoração envolve curvar o coração (e às vezes o corpo) diante de Deus. Deus está procurando um povo que prostra o coração e se entrega profusamente ao louvor. Pessoas desse tipo criam a atmosfera para um trono de louvores no qual o próprio Deus se agrada de habitar! Quando nos prostramos e entregamos inteiramente nosso coração em louvor e reverência a ele, estamos criando um lugar no espírito, e, desse lugar, ele governará e reinará sobre seus inimigos.

A mulher siro-fenícia em Mateus 15.25, em primeiro lugar, prostrou-se diante de Jesus e, depois, pediu um milagre. A oração e a adoração são mencionadas como parte integral da igreja primitiva. Atos dos Apóstolos 16.25 descreve como Paulo e Silas, com as costas em sangue e feridas por ferrões, oraram e adoraram a Deus ousadamente e em voz alta — mesmo presos a troncos.

Também é impossível separar o louvor da oração no Antigo Testamento. Os adoradores judeus costumeiramente cantavam

Restaurando a casa de oração para todos os povos **127**

louvores a Deus, passavam sem tropeços para a oração e novamente para o louvor. As duas coisas eram singularmente entremeadas, e nunca existiu a intenção de que fossem separadas. Devido à influência da IHOP em Kansas City e em outras localidades ao redor do mundo, o uso e a terminologia da "Harpa e taça" é bastante corriqueira hoje. A adoração e a oração estão se unindo, como se fossem uma vestimenta inteiriça, para o sacerdócio do Novo Testamento de todos os cristãos.

O Senhor declarou: "Esses eu trarei ao meu santo monte e lhes darei alegria em minha casa de oração" (Isaías 56.7a). Nesse trecho, a palavra hebraica para oração é *tephillah*. É usada 77 vezes no Antigo Testamento para descrever a oração, e se refere à "intercessão, súplica; por implicação, um hino — oração".[2] Outra fonte diz que as implicações para o significado são diversas, incluindo intercessão, o ato da intervenção, julgamento e súplica quebrantada.[3]

Quase todos os que pediram a intervenção de Jesus para a própria vida, ou para atender a uma necessidade, em primeiro lugar se aproximaram de Jesus e se curvaram respeitosamente diante dele.

Minha definição concisa para esse tipo de oração tem base na decisão de Davi, o salmista, de chamar seus salmos de hinos

---

[2] STRONG, James. **Strong's Exhaustive Concordance of the Bible**. Peabody, MA: Hendrickson Publishers, [s.d.]. **Prayer** (n. 8605).

[3] O **Theological Wordbook of the Old Testament**, v. 2, **prayer** (*lepilla*, Hebrew n. 1776a), p. 725-726, apresenta as palavras descritivas que aparecem no texto, embora não seja uma citação direta dessa obra de referência.

128   A ARTE PERDIDA DA INTERCESSÃO

de oração. Chamo as *tephillah* de "julgamentos intercessores de Deus em forma de cântico". Esse termo é usado especificamente para intitular os cinco grandes salmos de Davi — Salmos 17; 86; 90; 102; e 142. O termo também é usado no título da oração feita por Habacuque (Habacuque 3.1). Isso é juntar a oração e o louvor no ministério do sumo sacerdote.

A Bíblia afirma em Salmos 72.20 que "encerram-se aqui as orações de Davi, filho de Jessé". Novamente, o salmista Davi usa nessa passagem o plural da palavra *tephillah*, com o significado de "julgamentos intercessores de Deus em forma de cântico". Essa referência, que vai do Salmo 1 até o 72, claramente nos informa que todos os salmos eram "orações em forma de cântico". Muito provavelmente eram arranjados de acordo com a música e cantados no culto formal.

Um encontro divino

Agora que entendemos melhor o que o Senhor quis dizer com "minha casa de oração para todos os povos", precisamos voltar ao número "37". Em 1993, depois de nosso encontro com o Senhor na torre de vigília em Herrnhut, Michal Ann e eu levamos a equipe de intercessores até a cidade de Liberec, na República Tcheca. Três anos antes, em 1990, visitei Praga com meu querido irmão Mahesh Chavda cerca de seis meses depois da queda do comunismo. Ele conduziu um ajuntamento gigantesco com a participação de 10 mil pessoas. Nós oramos pelas pessoas, pedindo cura, até as 2 horas da madrugada, todas as noites. Um ano depois, fui convidado para falar na conferência nacional em Praga. Depois de encerrada, levei minha equipe para o norte da República Tcheca, até essa

Restaurando a casa de oração para todos os povos **129**

cidade pitorescamente antiga. Certo dia, quando a equipe de ministério tirou o dia de folga para fazer turismo, fiquei em meu quarto para buscar ao Senhor. Só uma coisa me veio naquele dia. Deus queria que eu encontrasse um homem que tinha recebido uma visão celestial.

Estava agendado para eu falar em uma igreja da cidade naquela noite, e eu nunca tinha me encontrado com a liderança dessa igreja. Eu sequer sabia que tipo de igreja era aquela. Percebi que o pastor titular não estava no altar, mas não notei que, naquela noite, ele estava sentado na congregação, ao lado do altar. Levantei-me para falar e, por volta da metade da minha fala, o Senhor me levou a apontar para essa pessoa sentada ao lado do altar e dizer: "O senhor teve uma visitação celestial. Foi levado, pelo Espírito, ao alto diante de Deus, e ele falou a você sobre dez coisas que vão acontecer. E você será usado para restaurar a Vigília do Senhor".

Eu não sabia que esse homem, Evald Rucky, era um pastor morávio dessa congregação de 13 pessoas que, desde então, cresceu até tornar-se uma igreja vibrante de umas poucas centenas de membros. Durante o comunismo, o grupo era pequeno. Meses antes, Evald tinha viajado para a Suécia. Durante um dos sermões ele teve um ataque cardíaco e ficou em coma alguns dias. Peter, o pastor auxiliar, também era seu melhor amigo. Evald me disse depois que ele "fez uma pequena viagem de três dias" e viu o Senhor. Ele olhou o globo de cima, de uma perspectiva muito semelhante à de Ezequiel: o "Espírito levantou-me entre a terra e o céu" (Ezequiel 8.3). Evald viu nuvens escuras sobre a Europa central, as quais eram penetradas por luzes brancas que subiam e desciam dos céus. O Espírito Santo lhe disse: "estes são meus anjos que estou liberando em respostas às orações dos santos". Eles estavam rompendo as nuvens escuras, que eram espíritos terrenos concentrados na Europa central.

No terceiro dia dessa visita celestial, Peter juntou-se à esposa de Evald ao lado da cama de seu caro amigo. Ele acreditava que Evald estava mergulhado em coma irreversível. Peter não sabia como orar por seu amigo. Evald, cujo espírito parecia naquele momento estar nos céus, não percebia que era marido, pai e pastor cuja obra estava incompleta. Ele simplesmente estava curtindo o céu. Então, Peter começou a fazer a "oração de lágrimas" que brotava de seu coração. Enquanto as lágrimas de Peter caiam no corpo de Evald naquela cama de hospital, Evald repentinamente começou a tomar consciência no céu de que era marido, pai e pastor cuja obra ainda não estava completa. Ele também sabia que tinha uma decisão a tomar.

Em instantes, Evald viu-se voando alto nos céus. Então, seu espírito voltou ao corpo na cama do hospital. Ele foi miraculosamente curado naquele momento. Os médicos declararam que aquilo era um milagre. Ele recebeu alta do hospital e não teve que pagar um centavo sequer de despesas médicas! Hoje conheço a história bem, mas, naquela noite de 1991, eu simplesmente disse: "Existe aqui um homem que recebeu uma visitação celestial". Evald respondeu, e o resto é história. O grupo daquele culto passou uma lista para registro. As pessoas se registraram naquela mesma noite para lançar uma Vigília do Senhor renovada — e eles não pararam. Eles têm hoje uma das igrejas mais importantes de toda a República Tcheca e, recentemente, deram início a diversas igrejas satélites. Creio que Evald está operando como autêntico apóstolo em favor de seu país e denominação.

Restaurando a casa de oração para todos os povos 131

Evald viu nuvens escuras sobre a Europa central, as quais eram penetradas por luzes brancas que subiam e desciam dos céus. O Espírito Santo lhe disse "estes são meus anjos que estou liberando em respostas às orações dos santos".

De joelhos nas ruas!

Assim, em 1993, recém-saídos do encontro em Herrnhut, nós nos encontrávamos em Liberec, a cidade de Evald. Dividimos o grupo de oração em equipes menores para ficar nas casas das pessoas da localidade. Eu e minha esposa levamos um grupo pequeno para uma área chamada Heineson, onde uma igreja satélite estava sendo estabelecida. Michal Ann e eu estávamos andando na rua com piso de pedras, na companhia de alguns líderes da igreja e membros, quando notei alguns objetos brancos espalhados pela rua.

Olhei esses objetos mais de perto e senti a fé se avolumar dentro de mim. Mostrei para Michal Ann, que também começou a ficar entusiasmada. Os objetos pareciam pedrinhas brancas. Por algum motivo, achei que deveríamos pegá-las (adoro o Espírito Santo. Não somente ele é bom, mas também é muito divertido). Então Michal Ann e eu ficamos de joelhos para pegar essas pedrinhas, em cima de um piso de pedra na República Tcheca, enquanto caía um chuvisco sobre nós. Acho que os líderes da igreja nos observavam e se perguntavam se estávamos doidos de pedra! A verdade é que nós as achamos naquele dia. Essas pedrinhas pareciam trabalhadas à mão, a partir de algum tipo de pedra branca. Depois de pegarmos cada uma delas, sentimos que deveríamos contá-las enquanto os líderes esperavam por nós. Adivinhe quantas encontramos? Trinta e sete!

132   A ARTE PERDIDA DA INTERCESSÃO

Chaves pequenas abrem portas grandes. A interpretação simbólica desse pequeno incidente surgiu instantaneamente: "A Igreja 'perdeu suas pedrinhas' algum tempo atrás, ou seja, ficou 'doida de pedra', e perdemos a mente de Cristo quanto à perspectiva celestial do valor eterno da oração!". Deus tem algo em mente — Ezequiel 37. Deus se levantou para devolver suas pedrinhas, a mente de Cristo, à sua Igreja porque ela se perdeu no caminho. Estamos recobrando a perspectiva divina e eterna quanto ao valor das orações de dois ou três que se reúnem em nome de Jesus! Ele quer nos devolver a chave do poder que é liberado quando os cristãos entram em harmonia em nome de Jesus.

Em sua vida e ministério, a compreensão pode estar à distância de um passo simples e humilde: pedir. Minha esposa e eu não conseguíamos compreender por que estávamos tão entusiasmados naquele dia em Heineson, e aqueles líderes da igreja local também não conseguiam — até começarmos a contar as pedrinhas (ainda tenho essas 37 preciosas pedrinhas à mostra na moldura da minha lareira).

A oração antecede as missões

A obra missionária organizada e a evangelização do mundo, tal como as conhecemos hoje, não existiam no mundo ocidental até Deus acender a chama no coração dos morávios por meio da Vigília do Senhor. Não foi por acidente que Deus restaurou *em primeiro lugar* o fogo no altar da oração, para então inflamar uma paixão pelas almas perdidas na oração e por meio dela. Permita-me citar mais uma vez o relato de Leslie K. Tarr:

> Seis meses depois do começo da vigília de oração, o conde [Von Zinzendorf] sugeriu a seus colegas morávios o desafio de

Restaurando a casa de oração para todos os povos 133

um evangelismo ousado nas Índias Ocidentais, na Groenlândia, na Turquia e na Lapônia. Alguns viram a proposta com ceticismo, mas Zinzendorf persistiu. Vinte e seis morávios se apresentaram para missões mundiais, para qualquer lugar onde o Senhor os mandasse.[4]

Por volta de 1832, cem anos depois que os primeiros missionários partiram para terras no estrangeiro, havia 42 pontos missionários dos morávios ao redor do globo. Hoje, as igrejas frutos de missões morávias têm quatro vezes mais membros do que as igrejas de origem.[5]

Não foi por acidente que Deus restaurou em primeiro lugar o fogo no altar da oração, para então inflamar uma paixão pelas almas perdidas na oração e por meio dela.

Hoje, a cada sessenta minutos morrem cerca de 7 mil pessoas, das quais 6 mil não conhecem o Senhor Jesus Cristo. Existem 235 entidades geográficas chamadas de países, dos quais 97 praticamente estão fechados à atividade missionária convencional, ou seja, a um missionário residente. Estima-se que 2,6 bilhões de pessoas não alcançadas vivam nesses países fechados, naquela que tem sido chamada de "a janela 10/40 e 40/70". Milhões de cristãos recentemente se juntaram para orar e interceder por esses povos,

[4] TARR, Leslie K. A Prayer Meeting That Lasted 100 Years. **Decision**. Billy Graham Evangelistic Association, maio 1977.

[5] The World of 1732. **Christian History**, v. 1, n. 1, p. 13, Worcester, MA, 1982.

134 A ARTE PERDIDA DA INTERCESSÃO

mas esse esforço feito uma ou duas vezes é somente o começo do que Deus está fazendo em sua Igreja.[6]

Podemos ver a descrição do objetivo de Deus em Apocalipse 5.8-10. Jesus nos ensinou a orar "venha o teu Reino; seja feita a tua vontade" (Mateus 6.10). De acordo com a passagem de Apocalipse, os remidos de Deus nos céus vêm de toda tribo, língua, povo e nação. Eles se envolviam com adoração incessante e louvor ao Senhor!

Céu na terra

Nunca me esquecerei do som maravilhoso da adoração no culto realizado em Willemstad, a capital do país-ilha de Curaçau, uma das ilhas das Antilhas Holandesas, bem perto do litoral da Venezuela, onde vivem aproximadamente 136 mil pessoas. O que me impactou foi o modo como esse povo adorava! O culto de adoração era realizado em quatro línguas ao mesmo tempo! Eles cantavam em holandês, inglês, espanhol e em papiamento, o dialeto da ilha. Foi maravilhoso. Foi como sentir o gosto do céu. Em certo momento, eles cantavam louvores a Jesus em inglês e, depois, em holandês. Eles entoavam: "Eu te exalto", em espanhol, depois, em papiamento e, por fim, em inglês. Eles exibiam expressões múltiplas na dança e na oração. Pensei: "Senhor, eu gosto disso". Senti como se ele tivesse respondido: "Se você gosta *disso*, espere até estar aqui comigo!"

Jesus Cristo está nos transformando em uma "casa de oração". Ele anseia por nos ver derramando profusamente os medos,

---

[6] EASTMAN, Dick. **Love on Its Knees**. Grand Rapids, MI: Chosen Books 1989. p. 105. Selecionei estatísticas e dados provenientes desse excelente livro sobre oração e colheita.

Restaurando a casa de oração para todos os povos **135**

o amor, o afeto, a devoção e as lágrimas a seus pés. Ele anseia por nos ver dizendo vez após vez: "Deus, coloco minha vida diante de ti". À medida que fazemos isso, ele brilhará sua face sobre nós em toda sua glória e dirá: "Vá, seus pés estão calçados com a prontidão do evangelho da paz".

Em Salmos 2.8, Deus diz: "Pede-me, e te darei as nações como herança e os confins da terra como tua propriedade". Diversas vozes no mundo eclesiástico dirão: "Você pode ficar com o mundo, nós não o queremos. Este país vai para o inferno, mas eu vou para o céu". Às vezes, somos rápidos demais em abrir mão daquilo que Deus quer nos dar só porque existem alguns gigantes na terra. Deus ainda precisa de pessoas hoje que ajam como agiram Josué e Calebe.

Ele busca um povo que fique na brecha e diga: "Sim, Senhor, estou procurando as recompensas do sofrimento de Cristo. Estou pedindo as nações como estrado para teus maravilhosos pés". Deus quer ver uma nação inteira de reis e sacerdotes oferecer essa oração para ele com fé, poder e paixão.

Chaves para a colheita

Nenhuma colheita pode acontecer sem oração, e isso por quatro razões muito importantes:

1. Somente uma pequena parcela do povo de Deus está envolvida na semeadura.

2. Somente uma pequena parcela das sementes plantadas de fato germina.

3. Somente uma pequena parcela das sementes que germinam continuam crescendo até o momento da colheita.

4. Somente uma pequena parcela da colheita feita é totalmente utilizada.

136   A ARTE PERDIDA DA INTERCESSÃO

Suas orações podem fazer uma diferença vital, especialmente quando você entra, por meio delas, em harmonia com outras pessoas e cuidadosamente direciona suas orações. Uma vez que o tempo, a distância e a língua não são obstáculos para a oração, você pode se juntar à equipe de qualquer ministério da terra! Os grupos podem constantemente plantar a semente do evangelho. Por Deus, entre na equipe de alguém. Ore por líderes de ministérios e os ajude a ver algo chegando até a colheita! Lembre-se: por meio da oração, você pode se juntar a qualquer equipe! Você não está preso a tempo, distância ou espaço. Peça a Deus para orientá-lo para o ministério ou para as pessoas que ele quer vê-lo apoiando com suas orações. Ele fará seu coração sentir um peso que vai se adensando. Você se tornará um Arão ou um Hur dos tempos modernos, segurando no alto as mãos cansadas de seu Moisés designado por Deus.

Suas orações podem "regar" a colheita e energizar a semente que foi semeada. Talvez a maior necessidade que exista entre o plantio e a colheita é a chuva.

Junte-se a Esdras, Neemias, Ester, Débora e Daniel, cujas orações mudaram a essência de regras, alteraram as leis da terra e influenciaram líderes nacionais.

Em termos espirituais, foram plantadas sementes em número suficiente para trazer milhões para Cristo. Não há nenhum problema com a semente. O problema é a água. O alcance da colheita pode depender da quantidade de oração que rega a semente.

Suas orações podem ajudar a cultivar o que será colhido. Jesus advertiu que a tribulação, a perseguição, as preocupações da vida e o engano da riqueza fariam alguns caírem na beira da estrada e se tornarem infrutíferos (veja Mateus 13.20-22). Suas orações podem

Restaurando a casa de oração para todos os povos 137

incentivar, fortalecer e proteger a semente germinada durante o período crítico, que é quando a vida desponta.

De fato, sua oração pode influenciar os líderes mundiais e ativar os recursos de Deus! Provérbios 21.1 afirma que "o coração do rei é como um rio controlado pelo SENHOR; ele o dirige para onde quer". Junte-se a Esdras, Neemias, Ester, Débora e Daniel, cujas orações mudaram a essência de regras, alteraram as leis da terra e influenciaram líderes nacionais.

Orando pela colheita

Tenho um amigo chamado Dick Simmons, um homem negligenciado, uma das principais pessoas da intercessão nos Estados Unidos. Mais de trinta e cinco anos atrás, Dick fazia seminário na cidade de Nova York. A intercessão era uma de suas marcas. No meio da noite, na margem do rio Hudson, ele começou a clamar ao Senhor, intercedendo pela cidade de Nova York. Ele orou com todas suas forças e a plenos pulmões: "Senhor, imploro que mandes trabalhadores para tua seara!". Suas orações agonizantes às 2 da madrugada eram tão altas — mesmo para os padrões de Nova York — que, de repente, ele ficou cercado por fachos de luz às margens do rio. Policiais cautelosos gritaram: "O que você está fazendo? Reclamaram que você está tirando a paz das pessoas porque está acordando todo mundo!".

Dick respondeu aos berros: "Ah, só estou orando ao Senhor da seara que envie trabalhadores para os campos".

Os policiais devem ter se chocado. Ou, então, concordaram com o irmão Simmons. Eles o liberaram sem dar queixa e sem fazer quaisquer advertências. Naquela mesma noite, o Espírito Santo de Deus desceu sobre um pregador pequeno e magricela da área rural

138   A arte perdida da intercessão

da Pensilvânia e lhe deu um chamado divino para levar o evangelho à cidade de Nova York. Você sabe quem era esse homem? David Wilkerson. Não é de admirar que, ao estabelecer o primeiro Teen Challenge Center na cidade de Nova York, David Wilkerson tenha chamado Dick Simmons para ser o primeiro diretor.

Digo de verdade: se você ousar ser um eco das orações de Jesus, sua petição traspassará os céus e o próprio Pai as receberá. Então, à medida que as vasilhas de oração são viradas, ele as arremessará à velocidade da luz na direção da terra para executar a vontade e o juízo divinos sobre a questão. Estude a Palavra de Deus e aprenda a orar com poder e eficácia. Comece a orar os dez pedidos dos colossenses:

> *Por essa razão, desde o dia em que o ouvimos, não deixamos de orar por vocês e de pedir que sejam cheios do pleno conhecimento da vontade de Deus, com toda a sabedoria e entendimento espiritual. E isso para que vocês vivam de maneira digna do Senhor e em tudo possam agradá-lo, frutificando em toda boa obra, crescendo no conhecimento de Deus e sendo fortalecidos com todo o poder, de acordo com a força da sua glória, para que tenham toda a perseverança e paciência com alegria, dando graças ao Pai, que nos tornou dignos de participar da herança dos santos no reino da luz* (Colossenses 1.9-12).

Aplicações de sabedoria

Dick Eastman fez uma lista de cinco reivindicações de revelação, e cinco reivindicações de bênção nessa passagem, encontradas no livro *Love on Its Knees* [O amor de joelho], que adaptei para este capítulo.[7]

---

[7]   Eastman, Dick. **Love on Its Knees**. Grand Rapids, MI: Chosen Books 1989. p. 105.

Restaurando a casa de oração para todos os povos **139**

Cinco reivindicações de revelação

1. Ore pedindo revelação da *vontade de Deus* para o trabalhador, pessoa ou povo do evangelho. Essa é uma oração para obter orientação divina.

2. Ore pedindo uma revelação da *sabedoria de Deus*, ou da percepção divina. Essa é uma oração para a pessoa não ficar somente cheia com o conhecimento da vontade de Deus, mas para que também saiba como *pôr essa vontade em prática* de maneira sábia.

3. Ore pedindo uma revelação da compreensão ou do *entendimento de Deus*. Isso significa que a pessoa saberá o que o Pai reservou para que ela faça e como fazer — também quando, onde e com quem fazer.

4. Ore pedindo uma revelação da *santidade de Deus*, para que a pessoa ande de maneira digna do Senhor e lhe agrade em tudo.

5. Ore pedindo uma revelação do prazer de Deus ou da gratificação divina. Isso é realmente crucial. Você precisa orar por isso, por sua própria vida e pela vida daqueles que Deus pôs em seu coração. Ore pedindo que eles tenham uma revelação do prazer que Deus sente nele, e da obra de obediência deles. Peça também que Jesus se transforme na principal fonte de prazer deles. Na verdade, essa é uma oração para obter intimidade.

Cinco reivindicações de bênção

1. Ore pedindo *aumento de eficácia*, produtividade e capacidade de frutificar. Ore que as pessoas frutifiquem mais em toda boa obra.

2. Ore pedindo *crescimento devocional acelerado*, ou espiritualidade. Ore que eles conheçam a Deus e sejam atraídos a ele, em intimidade crescente.

3. Ore pedindo *aumento de força*. Podemos chamar isso de "durabilidade aumentada", em que o trabalhador ou pessoa

terá uma pele grossa como a do rinoceronte, mas terá um coração terno.

4. Ore pedindo *mais paciência*.

5. Ore pedindo *mais alegria*. Ore que se deleitem mais na obra do Senhor. Peça a Deus que os abençoe e ore pedindo que baldes de alegria sejam despejados sobre a cabeça deles. A alegria do Senhor é nossa força (veja Neemias 8.10).

Como virá a colheita?

A grandiosa colheita do Senhor nunca acontecerá por intermédio de umas poucas mãos contratadas, nem mesmo por meio de uma equipe de evangelistas, apóstolos, profetas, mestres e pastores muito talentosos. A obra é grande demais, o alcance é largo demais para ser realizado por uns poucos da elite — só a Igreja que ora pode colher um mundo totalmente perdido em uma geração! Deus está chamando cada membro de sua casa para retomar as fundações da oração, que inicia toda grande movimentação de Deus na terra. É hora de colocarmos os joelhos no chão, e orarmos que o coração de Deus se expresse na terra! Está na hora de pegarmos novamente as pedrinhas e ter a mente de Cristo quanto à "casa de oração para todos os povos".

Sei que a oração muda as coisas! Portanto, oro ao Senhor da seara que envie trabalhadores para os campos, pois estes estão quase maduros para a colheita. Quero ver pessoas de cada tribo e grupo étnico diante do trono de Deus. Assim, peço a ti, Pai, que coloques um anseio no meu coração por um país, um povo ou uma tribo, para que assim eu possa ser teu colaborador na grande colheita do Fim dos Tempos! Fantástico! Amém e amém!

CAPÍTULO 8

Restaurando a expectativa quanto ao sobrenatural

As mãos do velho sacerdote tremiam enquanto deixavam cair lentamente porções bem moídas de incenso recém-misturado no altar do incenso no templo de Herodes. O velho Zacarias se perguntava: "Quantas vezes já entrei neste lugar e fiz a mesma coisa diante da Presença?". O som fantasmagórico dos incessantes cânticos, lamentos e súplicas do povo, que orava do lado de fora do Lugar Santo, ainda era audível, embora metros de sólidas paredes de pedra, junto com o espesso véu de separação, estivessem parcialmente amortecendo o volume.

Recitando as antigas orações de intercessão da Torá, que remontavam a Moshe (Moisés), o sacerdote Zacarias sentiu um arrepio percorrer seu corpo quando um pensamento há muito esquecido aflorou em sua mente sem ser convidado: *Por que você não faz um pedido para você?* Pegando a última porção do incenso na mão direita, deixou-a cair levemente nas chamas tremeluzentes do fogo esfumaçado do altar e sussurrou para a Presença que ele quase conseguia sentir através do espesso véu:

142   A ARTE PERDIDA DA INTERCESSÃO

Ó santo Deus de Abraão, Isaque e Jacó, desde que nasci sou chamado de Zacarias — 'Yah se lembrou' — e minha adorada esposa Isabel é chamada de 'Deus do juramento', ou 'o juramento de Deus'. No entanto, o que mais ouço é 'estéril'. Tu te lembrarias de mim, Ancião, embora eu não tenha herdeiro? Declaraste que abençoarias aqueles que te buscam, e eu te busco hoje. Concede-me o desejo de meu coração, para que possamos louvar-te e adorar-te na companhia de um filho antes de morrermos. Então, nossos próprios nomes vão declarar a verdade e a misericórdia que estão em teu nome, ó Santo.[1]

De repente, a fraca e bruxuleante luz dos sete braços do candelabro de ouro no Lugar Santo ficaram obscurecidas por uma luz ofuscante e uma sensação paralisante de reverência. Enquanto Zacarias bruscamente rodava para ver de onde a luz vinha, ele sentiu uma forte pressão na boca do estômago. *Sou um homem morto!*, pensou ele. *Transgredi contra o Poderoso e não há mais jeito para mim...* No momento em que seus olhos pararam na figura radiante ao lado do altar do incenso, ele quase foi tomado pelo terror e medo.

Mas o anjo lhe disse: "Não tenha medo, Zacarias; sua oração foi ouvida. Isabel, sua mulher, lhe dará um filho, e você lhe dará o nome de João. Ele será motivo de prazer e de alegria para você, e muitos se alegrarão por causa do nascimento dele". (Lucas 1.13-14)

[1] É evidente que essa oração é um *relato ficcional* do que o sacerdote Zacarias poderia ter dito, já que, de acordo com Lucas 1.13, sabemos que ele fez uma petição pessoal ao Senhor. Parece provável que esse sacerdote pensaria em fazer sua petição no melhor lugar e no momento mais apropriado — que hora melhor, na Antiga Aliança, do que na oferta final do incenso, diante do véu que cobria a arca do Senhor e dentro do alcance auditivo da intercessão contínua vinda da congregação do Senhor?

Restaurando a expectativa quanto ao sobrenatural   143

Instantes mais tarde, o velho Zacarias saía atordoado do Lugar Santo, tremendo, esfregando os olhos com as mãos. As vestes sacerdotais estavam ensopadas de lágrimas. Os outros sacerdotes correram na sua direção e o crivaram de perguntas insistentes sobre o que tinha acontecido e por que ele tinha demorado tanto. Logo eles perceberam que aquele sacerdote que tinham conhecido durante boa parte da vida era um homem mudado. Ele devia ter recebido uma visitação divina no Lugar Santo, pois não conseguia mais falar. Alguns acharam que Zacarias tinha sido amaldiçoado por algum tipo de transgressão e concluíram que ele tinha sorte de estar vivo, mas aqueles que o conheciam bem tinham outra opinião.

Com o tempo, eles saberiam exatamente o que tinha acontecido naquele dia no Lugar Santo. A verdade é que, naquele antigo arranjo de intimidade — representado pelos ornamentos da adoração sacerdotal conduzida com sacrifícios, fogo e propiciação temporária —, Deus tinha trazido à luz o novo. Gabriel, o arcanjo de Deus, encontrou-se com Zacarias no Lugar Santo e proclamou a resposta de Deus a sua oração fervorosa, mas a incredulidade do sacerdote o fez perder a capacidade de falar.

Isabel, um nome cujo significado literal é "o juramento de Deus", carregaria o filho prometido de Deus em seu ventre envelhecido nos nove meses a partir do dia em que Zacarias voltou para casa. Ela misteriosamente desapareceu da vista pública durante os cinco primeiros meses, e muitos fofoqueiros na cidade juraram que ela estava tentando evitar a vergonha pública que a acompanhava todos os dias nos mercados e mesmo durante os ajuntamentos no templo em dias sagrados.

Zacarias não falou nada — não conseguia — nos longos meses depois daquele encontro sobrenatural. Mas, no oitavo dia depois

144 A ARTE PERDIDA DA INTERCESSÃO

do nascimento miraculoso de seu filho, João, as primeiras palavras pronunciadas pelo sacerdote idoso, enquanto ele olhava fixamente a vida nova destinada a preparar o caminho para a vida eterna, foram palavras de adoração e louvor a Deus (veja Lucas 1.64). O encontro sobrenatural de Zacarias com Gabriel é uma descrição fabulosa da maneira de Deus intervir nos assuntos dos homens.

Aqueles dentre nós que estão cheios do desejo e dos segredos divinos descobriram que foram lançados em uma jornada de encontros sobrenaturais, intercessão e intervenção à medida que pronunciaram os decretos de Deus na terra por meio de seu Espírito!

Zacarias começou o processo tendo uma vida devotada e consagrada, uma vida irrepreensível aos olhos de Deus. Ele manteve o ofício de sacerdote oferecendo sacrifícios de oração e louvor a Deus em favor de outras pessoas, acompanhados de oração e intercessão comunitárias. Por fim, ele pediu a Deus que agisse em seu benefício, e o fruto de sua oração tornou-se uma bênção para o mundo todo e para todas as gerações posteriores. Ele não percebeu que o desejo secreto de seu coração tinha sido o tempo todo o desejo de Deus. Sua petição — banhada em adoração e louvor, levada ao coração de Deus em oração pessoal e comunitária — fez com que a antiga semente de Deus — sua Palavra e promessas — fosse plantada na terra como uma nova semente de intervenção sobrenatural a ser revelada na plenitude do tempo.

O beijo de Deus em nosso coração

Deus anseia que nos deixemos ficar diante dele, e que ofereçamos o incenso da oração e do louvor nas chamas de nossa paixão

Restaurando a expectativa quanto ao sobrenatural 145

por ele. Se fizermos assim, logo notaremos que nosso coração estará cheio dos desejos e segredos do próprio Deus. Aqueles dentre nós que estão cheio do desejo e dos segredos *divinos* descobriram que foram lançados em uma jornada de encontros sobrenaturais, intercessão e intervenção à medida que pronunciamos os decretos de Deus na terra por meio de seu Espírito! Nós literalmente podemos mesclar o poder do imutável Ancião de Dias com a fé que ele hoje nos concede para criar algo novo e santo na terra. Que privilégio temos com nossa capacidade de orar em nome de Jesus!

Então aconteceu!

O vento soprava impetuoso fora da nossa casa bem pouco antes da meia-noite de 6 de outubro de 1992. Era o Dia do Perdão, o antigo dia de sacrifício, salvação e novos começos que os judeus observam em todo o mundo há milhares de anos. Faltando um minuto para dar meia-noite, fui repentinamente despertado pelo barulho de um relâmpago brilhante que iluminou nosso quarto. Com a tremeluzente e misteriosa luz vinda de nosso quintal, divisei um homem que estava na sala. Ele ficou olhando diretamente para mim.

Pisquei e olhei para ele novamente, e ele continuou me olhando durante o que me pareceu ser o minuto mais longo da minha vida. Então ouvi as palavras: "Vele sua esposa, estou prestes a falar com ela". Michal Ann ainda estava dormindo quando o ser falou comigo, mas, quando o relógio deu meia-noite, a *aparição* pareceu deixar a sala. Podia sentir a presença do ser, embora não pudesse mais vê-lo. Michal Ann acordou e, tremendo com o temor do Senhor, sussurrei a ela: "Um anjo acabou de chegar!". Juntos ficamos tremendo na cama, com as cobertas até o rosto, durante os trinta minutos

146 A ARTE PERDIDA DA INTERCESSÃO

seguintes. Tyler, nosso filho de 4 anos, tinha vindo dormir no nosso quarto porque se assustara com a tempestade e permaneceu adormecido no chão, ao meu lado da cama, durante toda essa experiência atemorizante. Por algum motivo, adormeci por um curto espaço de tempo sem dizer a Michal Ann o que o "homem" tinha dito. Ela ficou bem acordada enquanto a sensação daquela presença aumentava, e eu continuava adormecido.

Enquanto eu dormia, o Espírito Santo começou a se mover sobre Michal Ann de maneiras pouco convencionais. A certa altura, ela sentiu uma mão no meio de suas costas fazendo muita força, e ela ouvia os próprios gemidos e grunhidos à medida que a pressão aumentava. Foi algo tão intenso que ela teve medo até mesmo de se olhar no espelho, pensando que talvez seu cabelo tivesse ficado branco ou que a aparência de seu rosto tivesse se modificado radicalmente. Assim que esse trecho do encontro intenso terminou, acordei novamente. Uma luz brilhava sobre a cômoda do nosso quarto. Nós continuamos tremendo enquanto o temor do Senhor continuava igualmente intenso. Balbuciamos uma oração débil e dissemos: "Senhor, se é tua a visitação, então faz um de nossos filhos sonhar com um anjo para confirmar essa visitação". Esperamos e silenciosamente oramos: "Ó Deus, ó Deus, ó Deus!". Creio que nos identificamos com o velho hino "Estavas ali?", no trecho em que diz: "Às vezes, ele me faz ficar, trêmulo, trêmulo, trêmulo". Então dormi o resto da noite, mas Michal Ann ficou sozinha até as 5 da madrugada, tendo a presença atemorizante de Deus se adensando no quarto.

Mais tarde naquela manhã, acordei com Tyler de pé, ao meu lado na cama. Ele disse-me: "Sonhei essa noite que um anjo veio

Restaurando a expectativa quanto ao sobrenatural **147**

e visitou nossa casa". Justin, o primogênito, dormia no quarto acima do nosso, no andar de cima. Ele ficou todo entusiasmado naquela manhã quando nos disse que também tinha sonhado com a chegada de anjos. No sonho, ele viu um cavalo branco que estava sendo preparado para uma missão que ainda seria definida. Não é interessante? Michal Ann também viu esse cavalo quando, a certa altura, ela parecia ter sido "levada pelo Espírito". O conforto e a tranquilidade que isso nos trouxe foram imensos! Deus estava velando sua Palavra para cumpri-la. Lembre-se: quando algo verdadeiramente vem do Senhor, ele confirma com o testemunho de dois ou três.

Sonhar de antemão

Embora estivéssemos relativamente versados nas atividades sobrenaturais do Espírito Santo, isso estava num patamar completamente diferente. Mas é interessante observar que, no verão de 1992, sonhei que o Senhor me instruía a estudar o ministério e a função dos anjos. Li com avidez o que as Escrituras tinham a dizer sobre o assunto, e todos os livros em que pude colocar a mão. Pensei que era uma incumbência interessante, mas não tinha a menor ideia de que, no outono daquele ano, nossa casa se tornaria uma "base de visitações" de anjos. Também não imaginei que durante as nove semanas seguintes as visitações seriam principalmente a minha esposa. A esta altura, você deve ouvir da própria Michal Ann o restante da história:

> Ouvi um cântico espiritual em meu sono que simplesmente não conseguia decifrar. Isso me incomodou tanto que acordei. O cantor nesse sonho cantava: "Onde está minha noiva, ó Deus

meu?". Refleti sobre essas palavras repetidamente até finalmente me dar conta de que era Jesus quem cantava esse cântico.

Estava obtendo alguma clareza em alguns desses temas trazidos à tona pelo Espírito Santo naquele momento, mas o peso era esmagador. Não sabia o que fazer com o cântico, e isso realmente me incomodou, pois sentia que tinha muito que ver com a volta de Jesus para reclamar sua Noiva sem mancha, a Igreja.

O problema é que, sendo a Noiva, não sabemos qual deve ser nossa aparência, e realmente não sabemos qual é a aparência do Noivo. Ele está vindo, *e não sabemos na intimidade quem ele é!* Senti um fardo, um peso que me levava a buscar sua face, simplesmente para *conhecê-lo* por ele ser quem é. Como se fosse uma resposta para minha busca, o Senhor enviou visitantes angelicais para nosso quarto, noite após noite, durante as nove semanas seguintes. A cada visita, eles prenunciavam a presença manifesta de Deus. O peso da glória de Deus era quase insuportável para mim. O medo me deixou fora dos eixos porque o temor do Senhor era muito intenso.

Certa vez, vi diversas bolas de fogo literalmente formar um arco dentro do quarto, e elas me acertaram bem no meio do peito. O impacto delas eletrificou meu corpo e me fez perguntar se sobreviveria à experiência. Antes da manifestação da Presença a cada noite, eu orava com sinceridade para provar novamente a plenitude de Deus. À medida que a glória divina enchia meu quarto, sentia o peso premente de sua santidade e começava a clamar: "Por favor, Senhor, não aguento mais! Parece que vou morrer!".

Por fim, o Senhor perguntou: "Ann, você quer que eu continue vindo?". Levei vários dias para decidir quanto à questão, pois estava simplesmente esmagada pela intensidade de sua Presença.

Em sua misericórdia, o Senhor me levou a uma posição em que precisei decidir o que realmente era mais importante para

Restaurando a expectativa quanto ao sobrenatural **149**

mim. Ele já não estava mais disposto a ver os altos e baixos da minha disposição, todos os dias, como que me abrigando sob minhas desculpas e medos. Talvez tenha sido uma forma do teste do "monte Moriá", e Deus queria ver se eu estava disposta a subir no altar de Deus como um sacrifício vivo. Finalmente, o Senhor me confrontou com uma escolha — não uma escolha entre salvação e condenação, pois já era filha perdoada e salva, mas uma escolha entre aquilo que já tinha experimentado e aquilo que Deus ainda ansiava transmitir para mim. O problema é que ele queria que eu esvaziasse minhas mãos antes de enchê-las com algo mais grandioso. Ele perguntou: "Bem, o que você quer?".

Por fim, respondi do jeito que ele sempre quis que eu respondesse. Disse-lhe: "Bem, Senhor, se eu viver, vivi; e, se eu morrer, morri. Mas eu realmente, realmente, quero que voltes". Visitantes angelicais continuaram a visitar com regularidade nosso quarto. Ocasionalmente eles ainda fazem visitas. A cada vez, eles sempre falam das coisas que estão mais próximas e que são mais caras ao coração de Deus. Às vezes, ficamos impactados com um êxtase, e outras vezes ficamos impactados com a humildade que vem do temor de Deus e com a revelação completa de nossa pecaminosidade comparada com a santidade e a beleza incomparáveis dele.

Emergi desse tempo de visitações com um peso adensado para ajudar homens e mulheres a se preparar para sua vinda — sua vinda íntima e pessoal. Cada vez que ouço alguns dos cânticos que cantamos com palavras e melodias incríveis a respeito da intimidade com Deus, estremeço. Quando cantamos: "É Senhor, permita-me sentir os beijos de sua boca; permita-me sentir seu envolvente e aconchegante abraço, sentir a ternura de seu toque [...]", ou coisas semelhantes, tenho a convicção de que *não fazemos a menor ideia de como é seu beijo!*

150 A ARTE PERDIDA DA INTERCESSÃO

Assim como me retraí quando a presença manifesta de Deus entrou em meu quarto com resultados inesperados, nós, sendo um corpo comunitário de santos, normalmente recuamos quando ele de fato responde a nossa oração cantada e nos toca com sua glória e fogo! Damos um passo para trás e dizemos: "Não! Estás chegando perto demais". Enquanto isso, Deus está dizendo: "Você percebe que todos esses cânticos que você tem cantado para mim estão despertando meu amor? Estou me aproximando de você, e você nem mesmo sabe que sou eu".

"Senti um fardo, um peso que me levava a buscar sua face simplesmente para conhecê-lo por ele ser quem é. Como se fosse uma resposta para minha busca, o Senhor enviou visitantes angelicais para nosso quarto, noite após noite, durante as nove semanas seguintes. A cada visita, eles prenunciavam a presença manifesta de Deus. O peso da glória de Deus era quase insuportável para mim." — MICHAL ANN GOLL

Transformado por sua presença

Depois que o período mais intenso dessas visitações angelicais passou, entrei certa noite na cozinha, olhei para Michal Ann e disse-lhe: "Simplesmente não sei mais quem você é". Ela olhou para mim e respondeu: *"Simplesmente não sei em quem estou me transformando"*. Desde então, tenho visto uma nova profundidade de poder em estado bruto, além de uma autoridade espiritual, crescer na vida de Michal Ann. Deus transmitiu algo a ela que a permite ver além das barreiras do medo, e ela é capaz de ministrar segurança, esperança e propósito com autoridade. Até mesmo as pessoas que nunca conheceram Michal Ann reconhecem que alguém ou algo incrível a transformou completamente em uma

Restaurando a expectativa quanto ao sobrenatural   151

mulher e ministra poderosa de Deus. Isso evidencia um dos papéis mais dinâmicos dos encontros sobrenaturais de nossa vida.

Evangelismo da presença

O que o assunto "Restaurando a expectativa quanto ao sobrenatural" tem que ver com a arte perdida da intercessão e com a grande colheita? Tudo! Uma vez mais quero compartilhar uma experiência sobrenatural que minha esposa teve, em que o Senhor demonstrou a ela *uma de suas maneiras* de ganhar os perdidos para Cristo. Ela me contou sobre uma série de sonhos que teve a respeito do desejo do Senhor de tocar o povo judeu. Ela se viu em pé ao meu lado. Estávamos de frente para homens judeus muito altos, com barbas pretas e cabelos espessos. Seus braços estavam cruzados, e eles olhavam com severidade para Michal Ann, como se a estivessem julgando: "Quem você acha que é para Deus usá-la para levar o evangelho aos judeus?".

Michal Ann se lembra de olhar para esses homens e dizer: "Vocês estão totalmente certos. Não sou ninguém. Não existe nenhum motivo neste mundo para Deus me escolher. É somente pela unção do Senhor que podemos fazer qualquer coisa que seja". Então, ela desviou a conversa dos homens para o Senhor. Começou a clamar ao Senhor com palavras que ele lhe deu para falar: "Libera sua unção, Senhor! Libera sua presença e seu Espírito para que a revelação venha, e as vendas caiam dos olhos deles".

Nesse sonho, repentinamente um facho de luz vindo do céu acendeu sobre Michal Ann. Imediatamente, os três homens de decisão foram atingidos pela luz. Instantaneamente, eles levaram a mão à boca e deram um passo para trás. Então, começaram

152 A ARTE PERDIDA DA INTERCESSÃO

a declarar: "Eu vejo!". O favorecimento do Senhor tinha sido liberado, e um ponto decisivo tinha sido alcançado. Onde antes os homens judeus tinham sido impedidos de ver o evangelho eles viram a luz. Repentinamente se abriram para abrigar a verdade a respeito do Messias.

Michal Ann me disse que teve a impressão de ter trilhado um caminho de descoberta — não somente quanto aos ministérios com o povo judeu, mas quanto à área de ministério como um todo:

> É quase como se essa fosse a história da minha vida. Sinto como se Deus tivesse olhado do céu e escolhido a pessoa mais improvável, insegura e temerosa para a tarefa.
>
> Não depende de nós, mas de Deus e de seu poder que nos enche por dentro. É a única forma de eu conseguir fazer algo, ir a algum lugar e ter alguma unção. Quando eu e Jim começamos a viajar juntos, ele falava e depois arregimentava as pessoas para o ministério. Eu ficava aterrorizada porque ele sempre se virava para mim e dizia: "Ok, Ann, você começa desse lado, e eu começo por aqui".

"No meu caso, Deus acendeu sua luz sobre mim e disse-me: 'Eu escolho você!'. Ele não pediu minha opinião nem a opinião de qualquer outra pessoa sobre o assunto." — MICHAL ANN GOLL

> Eu costumava me sentir como um peixe fora d'água. Não sabia o que fazer. Eu me sentia tão desajeitada que simplesmente queria evaporar até virar uma poça d'água e escorrer por debaixo da porta sem que ninguém percebesse. Tentava orar e observava Jim para ver o que ele estava fazendo, mas parecia sempre como material de péssima qualidade. Sabe de uma coisa?

Restaurando a expectativa quanto ao sobrenatural   **153**

Deus não ficou nada irritado com isso. Ele não ficou irritado por me deixar desconfortável nem por colocar um facho de luz em cima de mim. Ele deu tempo para eu me sentir segura nele.

Isso deveria trazer esperança para todas as pessoas, independentemente de gênero, raça ou idade. Não depende de nós — depende inteiramente do Senhor. Quando você ajusta sua maneira de funcionar para acomodar essa verdade, então você pode realizar coisas, e Deus pode usá-lo da maneira que lhe parecer conveniente. Tudo o que você tem de fazer é ficar à disposição. No meu caso, Deus acendeu sua luz sobre mim e disse: "Eu escolho *você*!". Ele não pediu minha opinião nem a opinião de qualquer outra pessoa sobre o assunto.

Observei o Senhor transmitir a Michal Ann uma graça sobrenatural, também favorecimento e unção para cumprir a ordem que recebeu. De fato, ele se aproximou de nós de formas que nem sequer saberíamos pedir.

O propósito do sobrenatural

Por que precisamos restaurar a "expectativa quanto aos encontros sobrenaturais"?

Um dos motivos está em Efésios 6.12, que diz: "Pois a nossa luta não é contra seres humanos, mas contra os poderes e autoridades, contra os dominadores deste mundo de trevas, contra as forças espirituais do mal nas regiões celestiais". Quando enfrentamos um adversário sobrenatural, *é preciso* derrotá-lo usando meios sobrenaturais. As armas ilusórias da carne e das coisas físicas não significam nada para os seres espirituais, quer eles sejam santos quer não.

154 · A arte perdida da intercessão

O segundo motivo é que, em todos os reavivamentos verdadeiros na história humana, as evidências fornecidas por sinais e maravilhas confirmam a Palavra que foi pregada. Esses "sinais que acompanham" eram um sinalizador que declarava aos não salvos que Deus está vivo e ativo. Ele ainda atua no mercado de salvação de almas e de operação de milagres. "Então, os discípulos saíram e pregaram por toda parte; e o Senhor cooperava com eles, confirmando-lhes a palavra com os sinais que a acompanhavam" (Marcos 16.20).

O terceiro motivo está relacionado com a natureza de Deus, que é Espírito, e com o propósito estabelecido para os servos mais poderosos e misteriosos de Deus, os anjos. Por definição, é impossível para um Deus sobrenatural, que é Espírito, se envolver com um mundo sujeito a morte e dominado pela carne, não por meios sobrenaturais. É por esse motivo que os teólogos liberais ao redor do mundo se esforçam tanto para refutar e eliminar qualquer referência ao sobrenatural na Bíblia. Eles temem a ideia de Deus ser verdadeiramente Deus, intervindo sobrenaturalmente nos assuntos de homens e mulheres. Um Deus assim é totalmente incontrolável, imprevisível até! Isso é inteiramente inaceitável para estudiosos e religiosos profissionais que nunca tiveram um encontro pessoal com o Deus sobrenatural.

Deixe-me fazer um esboço breve das três principais funções dos anjos, e de pelo menos 14 das atividades que desempenham (para saber mais sobre o assunto, leia *God Encounters* [Encontros divinos], escrito em coautoria com minha esposa) no assunto de Deus e do homem:

Restaurando a expectativa quanto ao sobrenatural   155

Três funções principais desempenhadas por anjos

1. Eles continuamente oferecem louvores e adoração a Deus.

   Louvem-no todos os seus anjos, louvem-no todos os seus exércitos celestiais! (Salmos 148.2).

   Louvem todos eles o nome do Senhor, pois ordenou, e eles foram criados (Salmos 148.5).

2. Eles são enviados como "clarões reluzentes" e "ventos de Deus" para ministrar à humanidade.

   Quanto aos anjos, ele diz: "Ele [Deus] faz dos seus anjos ventos, e dos seus servos, clarões reluzentes" (Hebreus 1.7).

   Os anjos não são, todos eles, espíritos ministradores enviados para servir aqueles que hão de herdar a salvação? (Hebreus 1.14).

3. Os anjos foram criados para sobressaírem-se em força e obedecerem à voz de sua Palavra para que possam cumprir a Palavra de Deus.

   Bendigam o Senhor todos os seus exércitos, vocês, seus servos, que cumprem a sua vontade.

   Bendigam o Senhor todas as suas obras em todos os lugares do seu domínio. Bendiga o Senhor a minha alma! (Salmos 103.21,22).

Tipos de atividades angelicais

1. Eles ministram na presença do Senhor (veja Isaías 63.9; Apocalipse 18.1).

2. São mensageiros enviados para pronunciar a vontade de Deus (veja Mateus 1.20; 2.13,19; 28.1-7; Lucas 1.19,26).

3. Eles concedem entendimento em sonhos e visões (veja Daniel 8.15-19; 9.23; Apocalipse 1.1).

4. Eles ajudam com orientações e direcionamentos (veja Atos 8.26; 27.23,24,29; Gênesis 24.7,40).

156 A ARTE PERDIDA DA INTERCESSÃO

5. Eles trazem libertação (veja 2Reis 19.35; Isaías 37.36).

6. Eles protegem (veja Salmos 34.7; 91.11,12; Mateus 18.10).

7. Eles estão presentes na morte dos santos (veja Salmos 23.4; 116.15; Lucas 16.22; Judas 9).

8. Eles fortalecem (veja Daniel 10.16-18; Mateus 4.11; Lucas 22.43).

9. São usados como instrumentos de cura nas mãos de Deus (veja João 5.4).

10. Continuamente oferecem louvor e adoração a Deus (veja Gênesis 32.1,2; Lucas 2.14; Apocalipse 5.11,12).

11. Eles amarram poderes demoníacos sob as ordens de Deus (veja Daniel 10.13; Apocalipse 12.7; 20.1-3).

12. Eles servem como sentinelas divinas (veja Daniel 4.13,17; Atos 12.20-23; 1Timóteo 5.21).

13. Eles ajudam a colher muitas das colheitas de Deus (veja Mateus 13.39-42; 24.31; Apocalipse 14.6,14-19).

14. Eles executam os juízos de Deus (veja Gênesis 19.11; Êxodo 12.18-30; 2Reis 19.35; Atos 12.20-23; Apocalipse 16.17).

Nossa interação com os anjos gira em torno de cinco premissas fundamentais:

1. Somos cooperadores de Cristo e, como tais, os recursos de Deus são liberados com o convite feito pelo homem em concordância com sua vontade. A intercessão libera a intervenção angelical.

2. As orações respondidas influenciam ou ajudam a determinar o destino de indivíduos e países.

3. Há inúmeros anjos à espera para ser enviados (anjos sem tarefas, se quiser colocar de outra maneira). "Não se pode contar o exército dos céus, nem medir-se a areia do mar [...]" (Jeremias 33.22, *ARA*).

Restaurando a expectativa quanto ao sobrenatural   157

4. Os anjos se envolvem em praticamente todos os assuntos cotidianos e práticos dos homens. Eles se envolvem em praticamente todas as facetas do cotidiano e nas atividades corriqueiras da humanidade.

5. Os anjos normalmente são usados por Deus para comunicar as respostas de oração ou para executá-las.

A intervenção angelical por meio da intercessão

Diversos exemplos de intervenção angelical se destacam na Bíblia. Abraão intercedeu por Sodoma e Gomorra e refreou o juízo até a família de Ló ser salva por anjos mensageiros (veja Gênesis 19.1-29). Daniel persistiu na intercessão até que o próprio anjo Gabriel veio a ele depois de enfrentar em batalha o sombrio príncipe da Pérsia em favor de Daniel e do povo judeu (veja Daniel 10.12-21).

O Novo Testamento também registra três situações diferentes em que a oração e a intervenção sobrenatural de anjos libertaram da prisão discípulos da igreja primitiva. O apóstolo Pedro foi pessoalmente tirado de uma prisão inexpugnável por um anjo enviado em resposta às orações sinceras e singelas dos santos em Jerusalém (veja Atos 12.7-10).

> Pedro, então, ficou detido na prisão, mas a igreja orava intensamente a Deus por ele.
>
> Na noite anterior ao dia em que Herodes iria submetê-lo a julgamento, Pedro estava dormindo entre dois soldados, preso com duas algemas, e sentinelas montavam guarda à entrada do cárcere. Repentinamente apareceu um anjo do Senhor, e uma luz brilhou na cela. Ele tocou no lado de Pedro e o acordou. "Depressa, levante-se!", disse ele. Então as algemas caíram dos punhos de Pedro. (Atos 12.5-7)

158　　A ARTE PERDIDA DA INTERCESSÃO

Nessa ocasião, foi a *oração* que livrou Pedro das maquinações assassinas de Herodes (veja Atos 12.5). Em Atos 2.2-6, a oração intensa dos 120 cristãos esperando pela vinda do Espírito Santo quase um ano antes tinha feito o lugar ser tomado pelo vento e pelo fogo. Depois, começando em Atos 16.26, o louvor e a adoração sacrificiais que Paulo e Silas ofereceram com os pés presos em um tronco na prisão de Jerusalém deram início a um terremoto violento e livramento angelical para eles!

Já descrevi a visão recebida por Evald Rucky, o pastor morávio da República Tcheca, que viu anjos indo e vindo do céu para a terra em resposta às orações dos santos. Também já examinamos as experiências da minha família com visitantes angelicais à noite. Você provavelmente pensa que essas histórias são muito empolgantes, mas talvez se exclua automaticamente dessas "experiências especiais". Não faça isso.

Estamos prestes a entrar em outra fase do mover poderoso de Deus na terra. Temos experimentado o "segundo Pentecoste", se você preferir, caracterizado pelo vinho novo da alegria e do revigoramento que tem varrido as igrejas ao redor do mundo. Então, o Senhor apertou o passo e acendeu a chama do arrependimento, da purificação e da santidade quando, sem aviso, desceu no culto do Dia dos Pais na Assembleia de Deus em Brownsville, em Pensacola, na Flórida. Agora estamos entrando na terceira fase, que é marcada pelo *poder*.

Restaurarei o Pentecoste

Nessa terceira onda, o Espírito Santo utilizará o dom de operação de milagres em todo o Corpo de Cristo. Antes disso tudo

Restaurando a expectativa quanto ao sobrenatural   159

começar, o Senhor me disse: "Restaurarei o Pentecoste". O advento do Espírito Santo no Pentecoste foi marcado por três sinais: o vento da vinda do Espírito, o fogo da santidade e pureza de Deus habitando nos santos e o efeito inebriante do vinho do Espírito sobre a humanidade.

A primeira fase da aparição de Deus aconteceu em Toronto, em 1994. Diversos estadistas proféticos descreveram o acontecimento dizendo: "Deus está servindo o aperitivo". O Espírito de Deus desceu em Pensacola em 1995 com o fogo santo que restaurou o temor do Senhor (e a compreensão correspondente de sua imensurável graça) para a Igreja. Agora, iremos mais fundo. Em setembro de 1996, no Dia do Perdão, o Espírito Santo sussurrou-me esta palavra: "Diga a meu povo para não tratar esse movimento de revigoramento como um modismo estado-unidense. Diga-lhes que precisam se apegar ao movimento por tempo suficiente, até que apareça a crista da onda, até que a próxima onda venha".

Temos festejado no vinho do Espírito e temos nos revigorado com risadas, alegria e renovação. Temos dobrado os joelhos em humildade e arrependimento debaixo da presença chamejante de nosso Deus zeloso, o justo Rei da glória. Temos sido elevados em sua graça como justos, santos e puros a seus olhos. Agora, estamos prestes a experimentar o vento de Deus, caracterizado pelos poderosos dons sobrenaturais, encontros sobrenaturais e intervenção angelical.

Creio que na década passada, e ainda antes, temos passado por uma "experiência de Pentecoste", marcada pelos mesmos

160 A ARTE PERDIDA DA INTERCESSÃO

três sinais vistos no livro de Atos, mas na ordem contrária. Temos festejado no vinho do Espírito e temos nos revigorado com risadas, alegria e renovação. Temos dobrado os joelhos em humildade e arrependimento debaixo da presença chamejante de nosso Deus zeloso, o justo Rei da glória. Temos sido elevados em sua graça como justos, santos e puros a seus olhos. Agora, estamos prestes a experimentar o vento de Deus, caracterizado pelos poderosos dons sobrenaturais, encontros sobrenaturais e intervenção angelical.

Creio que estamos orando para receber aqui embaixo encontros sobrenaturais em grande escala. Já hoje alguns estão vendo incríveis intervenções divinas no campo missionário em resposta a orações. No artigo "Praying Down Miracles" [Orando por milagres aqui embaixo], Bruce Steinbaum escreveu:

> Os pesquisadores sustentam que 80% dos novos cristãos no sul da Ásia vêm a Cristo como consequência direta de algum tipo de encontro sobrenatural. Aqueles que estabelecem igrejas entre o povo Gamit de Gujarat, na Índia, dizem que a frequência pulou de zero para 600 mil em dez anos, em consequência de centenas de curas milagrosas.[2]

O senhor Steinbaum também relatou no mesmo artigo que, na Arábia Saudita, pediram que algumas enfermeiras cristãs orassem por uma menina de 13 anos que estava morrendo

---

[2] In: GOLL, Jim (Ministry to the Nations). **Fire on the Altar**. Nashville, TN, 1995.

Restaurando a expectativa quanto ao sobrenatural   **161**

de leucemia. De acordo com as fontes familiarizadas com sua história, a menina, certa noite, foi visitada pelo Senhor Jesus, embora ela não soubesse nada sobre Jesus. No dia seguinte, ela anunciou a seus pais embasbacados que tinha se encontrado com o Curador, e hoje toda a família segue a Cristo. Precisamos orar pedindo que encontros sobrenaturais aconteçam aqui na terra com pacientes como essa menininha. Ore a Deus que visite aqueles que estão morrendo de doenças terminais e os cure. Ore que famílias e vilarejos inteiros sigam a Deus por causa dos testemunhos de visitações divinas que venham do alto. Steinbaum também escreveu:

> O evangelho penetrou até mesmo na cidade mais santa do Islã. Em 1993, diversos cristãos sauditas fizeram uma marcha de oração pela periferia de Meca, o local da Hajj, uma peregrinação anual. Eles pediram a Deus que estabelecesse uma igreja na cidade e se revelasse aos 2 milhões de peregrinos em busca da verdade que visitam a cidade todos os anos em homenagem a Alá no santuário de Kaa'ba. De acordo com pelo menos duas fontes, Jesus fez uma aparição como convidado especial na Hajj de 1994, declarando para um grupo de muçulmanos da Nigéria que, de fato, era aquele a quem estavam buscando.
>
> Aparentemente, alguns curdos vieram a Cristo em consequência da oração de intercessão e de sonhos e visões sobrenaturais (os curdos vivem em uma área que algumas pessoas chamam de Curdistão, situada no norte do Iraque). Um desses cristãos se converteu faz poucos anos no Curdistão turco. Ateísta confesso e editor de uma influente revista marxista, esse homem foi preso em 1981. Um cristão lhe deu um Novo Testamento e orou pedindo que Jesus se revelasse a ele por

uma série de sonhos. No encontro seguinte, o homem se converteu e anunciou que Jesus é aquele que purifica os pecados.

Em Túnis, assim como em outras partes do mundo árabe, Deus está usando sonhos, visões e curas miraculosas para atrair para si aqueles que buscam a verdade. Um exemplo impressionante desse fenômeno aconteceu com um grupo de muçulmanos sufis na África do norte que estavam entoando cânticos e dançando diante de Alá na esperança de que ele se revelasse. Eles dizem que Jesus apareceu e declarou que ele é o Deus verdadeiro.

De acordo com os missionários da região, muitas outras pessoas que vivem em locais isolados no deserto do Saara relataram ter tido visões semelhantes do Senhor — e eles pedem Bíblias para que possam aprender mais a respeito de Cristo.

No Egito, um militar muçulmano disse que foi visitado por Jesus Cristo em um sonho. Quando acordou, ele imediatamente procurou cristãos em sua unidade para ver se eles conseguiriam para ele uma cópia da Palavra de Deus. Tendo encontrado apenas um cristão em seu batalhão, ele perguntou discretamente se poderia pegar emprestado sua Bíblia. Da mesma maneira relutante de Ananias tratar Saulo de Tarso, o cristão concordou com cautela. E, depois de diversos dias examinando cuidadosamente os evangelhos, o oficial se tornou discípulo de Jesus. Segundo relatos vindos do Cairo, esse homem se tornou uma testemunha ousada.

Uma equipe de cristãos relatou que um muçulmano paquistanês recentemente sonhou com uma Bíblia descendo do céu. Enquanto fitava com admiração o livro, o homem disse ter ouvido a voz de Jesus declarando: "Esta é minha Palavra — obedeça a ela". Relatos semelhantes de sonhos e visões são coisas corriqueiras no Paquistão.

Restaurando a expectativa quanto ao sobrenatural **163**

Em Cuba, uma visitação divina de cura desceu sobre uma pequena cidade, pouco mais de sessenta quilômetros de distância da capital. Todos que entraram na igreja foram curados. Quando as notícias se espalharam, as pessoas de todas as outras cidades começaram a aparecer. Elas também foram curadas. Por fim, pessoas de toda a ilha vinham e eram curadas. Isso prosseguiu por seis semanas. Dezenas de milhares foram salvos. Muitas igrejas foram implantadas, e o interesse no evangelho cresceu no país inteiro, pois todos tinham ouvido sobre os acontecimentos. Foi algo tão poderoso que nem mesmo o governo comunista conseguiu negar os acontecimentos (a maioria das curas foi por imposição de mãos — em uma igreja *metodista*)[3].

Lembre-se: o que sobe tem de descer!

Deixe-me fazer a pergunta que Deus me fez na República Tcheca em janeiro de 1993: "Você já considerou a dimensão multidirecional da oração?". A única maneira de as almas serem salvas, os doentes serem curados, os demônios serem expulsos, as igrejas serem estabelecidas e os dons explosivos e sobrenaturais de Deus serem desamarrados é com a oração das pessoas. Deus, mais uma vez, está voltando para o básico com este componente simples e crucial para o reavivamento verdadeiro:

Se quisermos restaurar a expectativa quanto ao sobrenatural, então antes precisamos restaurar a labuta do amor por meio da oração fervorosa feita de joelhos! Não foi por acidente que os

---

[3] STEINBAUM, Bruce. Praying Down Miracles. In: GOLL, Jim (Ministry to the Nations). **Fire on the Altar**. Nashville, TN, 1995.

164   A ARTE PERDIDA DA INTERCESSÃO

cristãos morávios desfrutaram de tamanha eficácia na obra missionária: eles viveram por um único lema, que precisamos adotar na Igreja como se fosse nosso: "Ninguém trabalha a menos que alguém ore". Os encontros sobrenaturais são corriqueiros para as pessoas de oração, e mitos para as pessoas que não oram. É tempo de a nação redimida de reis e sacerdotes vestir seus mantos de linho e entrar no Lugar Santíssimo para oferecer orações, petições e intercessão por todos os homens. É tempo de soltar as amarras do poder do Deus todo-poderoso na terra mediante a oração direcionada aos céus.

Vendo com os olhos de uma criança

Deixe-me encerrar este capítulo contando outra história baseada em Justin, nosso filho mais velho, quando ele tinha apenas 7 anos de idade. Em fevereiro de 1991, eu estava em Atlanta, na Geórgia, em uma missão de oração de intercessão relativa àquela que seria conhecida como Guerra do Golfo. Meses antes de o conflito ter início, o Senhor tinha falado comigo para ser um homem de oração durante o mês de fevereiro. Então, deixei minha agenda em aberto para ter tempo de me concentrar diante do Senhor. Enquanto estava longe, Justin teve um encontro de dimensões sobrenaturais.

Certa noite, bem tarde, ele estava acordado na parte de cima do beliche. Com seus olhos, ele viu nuvens se formando e tomando o quarto. Um trono radiante pareceu se firmar no meio das nuvens, e algumas criaturas aladas, cobertas com algo que parecia escamas de peixe, cercavam o trono. Cada um tinha um rosto diferente, e Justin, de 7 anos de idade, disse que uma criatura tinha

Restaurando a expectativa quanto ao sobrenatural **165**

o rosto de águia, outra parecia com um touro, a terceira com um leão, e a quarta tinha o rosto de um homem.

Uma escada descia até seu quarto e os anjos subiam e desciam por ela sem destino certo — carregando fogo nas mãos. Em fila, eles desciam um por vez, ficavam no quarto para depois voltar pela escada, só para outro ser liberado e fazer a mesma coisa. O último anjo a descer trazia na mão um pedaço de papel e ele o deixou na cômoda de Justin. Esse anjo voltou a subir pela escada, a escada subia até as nuvens, as nuvens envolviam o trono, e, depois, tudo pareceu desvanecer aos olhos naturais. Somente uma coisa permaneceu. O pedaço de papel angelical ainda era visível na cômoda de Justin, tendo umas poucas palavras escritas nele. Justin deve ter feito uma expressão perplexa quando leu o bilhete. Adivinhe o que estava escrito: *Ore por seu pai*. Impressionante, não é? Deus quer que até mesmo crianças tenham a expectativa de resultados sobrenaturais quando elas oram!

Tenha a expectativa de coisas grandiosas vindas de Deus

A oração libera o arsenal celestial para vir em auxílio do homem. Por que não esperar que um Deus sobrenatural — que não mudou — se mova de formas extraordinárias? Quando o Todo-poderoso receber o incenso de suas orações, talvez uma companhia inteira de anjos seja enviada em resposta a seu convite que faz cumprir a vontade divina! Por que não esperar coisas grandiosas de Deus em resposta às suas orações?

Creio que o sobrenatural é para hoje! Na verdade, quero ver a demonstração do grandioso poder de Deus por meio da minha vida!

Usa minha vida de oração para liberar missões para teus anjos. Abre meus olhos espirituais para eu enxergar o mundo espiritual. Quero ser um cristão que crê e vê os céus descerem à terra. Quanto a mim e a minha casa, oraremos pedindo encontros sobrenaturais aqui embaixo para a glória de Deus!

CAPÍTULO 9

Restaurando o MEA (Ministério da Equipe Apostólica)

"Está na hora de a 'Equipe A' se apresentar!"

"É hora do MEA."

"Será um cristianismo apostólico, autêntico e completamente entregue."

"Será telescópico — com profetas olhando pelo telescópio do tempo e evangelistas falando das boas-novas. E será microscópico, com pastores e administradores cuidando da casa."

Essa palavra veio a mim em um sonho no verão de 1996. Sabia que a promessa era que estes três ministérios — o apostólico, o telescópico e o microscópico — trabalhariam em conjunto e não em competição. No meu coração pensei: *Isso sim seria um sonho!*

Quando despertei do sonho, tive a visão de um homem usando um cartão de caixa eletrônico[1] dentro de uma agência bancária e

---

[1] MEA no original é ATM, que serve como sigla para *apostolic team ministry* [ministério da equipe apostólica] e para *automatic telling machine* [caixa eletrônico]. [N. do T.]

168   A ARTE PERDIDA DA INTERCESSÃO

retirando dinheiro. Talvez o Senhor estivesse dizendo que o Ministério da Equipe Apostólica seria usado para liberar enormes suprimentos de seu armazém para o ministério dos últimos dias. Uma coisa é certa, enquanto escrevo: todo dia vêm à tona novas equipes e novas correntes. É hora de o profético chegar à maturidade, e isso para que emerja um ministério apostólico verdadeiro, autêntico e humilde.

Quando estava na Áustria ministrando na Escola Profética, em agosto de 1996, o Espírito Santo me acordou de noite. Ouvi sua voz me dizendo:

> Durante os próximos trinta e oito meses e meio, eu iluminarei uma cidade por mês com minha presença contínua, assim como aconteceu em Toronto e Pensacola.

Em meu espírito, eu sabia que essa palavra do Senhor tinha alcance global, e que essas cidades estariam distribuídas ao redor do mundo. Também sabia que algumas estariam em lugares afastados, e que alguns desses derramamentos não teriam muita divulgação. Os nomes de diversas cidades quase desconhecidas no exterior vieram à minha mente ao mesmo tempo. Refleti sobre as palavras que ouvi e notei que o período de tempo informado se encerraria mais ou menos no Dia do Perdão em 1999 (bem, não estou prevendo a segunda vinda de Cristo, a marca da besta nem coisa semelhante. Estou simplesmente passando para você o bastão de um encontro poderoso para provocar uma fé ativa). Talvez as cidades cheias do fogo espiritual façam parte da estratégia de Deus para a colheita.

O poder da oração contínua

Creio que tudo o que já passamos até agora não passa de um tira-gosto daquilo que Deus está entregando à Igreja! Até aqui, testemunhamos eventos de oração históricos e de alcance mundial, que liberaram o grande poder da unidade na oração a Deus. No entanto, o que Deus revelou para nosso pequeno grupo de intercessores na torre de vigília morávia em fevereiro de 1993 é que ele está fazendo surgir unidade contínua, oração contínua e intercessão contínua no padrão e estilo simples que ele fez surgir anos atrás em Herrnhut. A pergunta é óbvia: se 300 pessoas orando continuamente, em grupos de dois ou três, durante mais de um século, viraram o mundo de cabeça para baixo há duzentos anos, o que milhões de intercessores ungidos podem realizar mediante a oração contínua na presença de Deus?

Infelizmente, boa parte da Igreja está manca, usando muletas e vendas nos olhos, quando deveria estar correndo na direção da batalha! Boa parte das congregações no mundo cristão joga fora seu potencial por viver sob a ilusão de que dois dons cruciais de liderança listados em Efésios 4 — o de apóstolo e o de profeta — de alguma maneira perderam a validade em algum momento entre a conclusão do livro de Atos e nossos dias.

Mestres e pastores ungidos têm nos alimentado bem, estamos satisfeitos por aprender e ir embora, frequentemente com a pequena responsabilidade de prestar contas de nossa sempre crescente abundância de conhecimento. Pastores sensatos convidaram evangelistas com o máximo de frequência, e deram ordens para confortar os aflitos e afligir os que estão confortáveis, mas o primeiro amor

170 A ARTE PERDIDA DA INTERCESSÃO

de um evangelista é o palco ou o toco de uma árvore em algum lugar, rodeado por um mar de gente *sem salvação*. Sem a força, a fundação e a liderança visionárias do ministério apostólico, nossas igrejas têm vivido em um estado permanente de debilidade e falta de firmeza. Privada das percepções proféticas, do sentido de direção espiritual concedido por Deus e da correção que se encontra no profeta, a Igreja tem tropeçado de um alvo de curto prazo para outro, sem sequer perceber a vontade de Deus para seu corpo comunitário. Lembre-se: "Onde não há revelação divina, o povo se desvia" (Provérbios 29.18).

A condição da Igreja

Em consequência disso, a Igreja se parece com uma pessoa que come exclusivamente comidas pesadas, cheias de amido, gordura e açúcar. A Igreja está inchada por se deleitar com os frutos de "árvores de pastoreio" e "árvores de ensino", tendo só o pouco necessário para ter incômodos digestivos ocasionais gerados com a ajuda de "árvores de evangelismo". Em outras palavras, nossa ignorância privou o corpo comunitário de duas das cinco "provisões diárias ordenadas por Deus" de nutrientes espirituais necessários para gerar uma Noiva saudável, produtiva, completamente equipada e sem manchas. Estamos fracos e malnutridos por causa de uma dieta espiritual incompleta, desequilibrada e pouco saudável.

Deus pesou o Corpo de Cristo global de nossos dias e, em particular, a Igreja estado-unidense, e ele a achou em falta, algo bem parecido com o que aconteceu nas igrejas do livro de Apocalipse.

Restaurando o MEA (Ministério da Equipe Apostólica) 171

Ela está inchada, dada a muito sono e cochilos, e, de diversas formas, ela tem aversão a exercícios e à "obra do ministério". O histórico de seus membros mostra que ela evita qualquer coisa que exija tempo, esforço ou prestação de contas por *fazer* o que Deus ordena em sua Palavra.

A Igreja está inchada por se deleitar com os frutos de "árvores de pastoreio" e "árvores de ensino", tendo só o pouco necessário para ter incômodos digestivos ocasionais gerados com a ajuda de "árvores de evangelismo".

"Em dez anos"

Agora, permita-me fazer uma revisão de nossa história profética. Em abril de 1984, Mike Bickle, meu amigo, ouviu a voz do Senhor dizer algo como: "Vou começar uma nova obra na terra em dez anos". Deus lhe deu a incumbência de conclamar a oração intercessória de maneira contínua durante a década que se seguiu e depois também. Não era exatamente esse tipo de palavra que ele queria ouvir porque tinha acabado de estabelecer um trabalho novo. Ele era um pastor cheio de energia e com menos de 30 anos. Realmente não queria esperar dez anos para um mover relevante de Deus, nem gastar boa parte do tempo em uma sala simplesmente lembrando Deus de sua Palavra. Mas ele não tinha escolha. Deus também lhe disse que estava falando com um cavalheiro profético chamado Bob Jones e instruiu Mike a entrar em contato com esse homem. Quando eles se encontraram e compararam as anotações, descobriram que Deus tinha falado

172 A ARTE PERDIDA DA INTERCESSÃO

coisas complementares para os dois homens, ao mesmo tempo e em lugares diferentes! As percepções deles se tornaram duas peças de um quebra-cabeça encadeado.

A revelação que o Senhor deu a Bob naquela época foi sobre o relato bíblico da permanência de José na prisão do faraó. Ele disse que isso era uma parábola daquilo que ocorreria durante a década seguinte. Uma vez que a Palavra de Deus declara: "Certamente o SENHOR, o Soberano, não faz coisa alguma sem revelar o seu plano aos seus servos, os profetas" (Amós 3.7), é proveitoso eu resumir a profecia dada a Bob Jones em meados de 1984. Quando José foi injustamente jogado na prisão do faraó por resistir às investidas da esposa de Potifar, ele ficou confinado com o copeiro e o padeiro do faraó, que estavam na prisão por terem provocado sua ira. Os dois homens tiveram um sonho, e José interpretou com precisão os sonhos deles e previu o que aconteceria nos três dias que se seguiram.

O copeiro voltou a desfrutar do favor do faraó, tendo todos os direitos e privilégios de sua posição. Ele foi libertado para servir na presença do rei. No entanto, o padeiro foi enforcado em um lugar alto para que todos o vissem e, depois, foi decapitado. As aves do céu se banquetearam com sua carne, porque ele tinha servido o pão hipocritamente (em outras palavras, ele dizia uma coisa e fazia outra. Você já pode parar de se contorcer).

A revelação a Bob Jones foi que o Senhor lidaria com os padeiros hipócritas existentes no Reino, assim como com os ministérios de ensino e da "mesa" em sua casa. Ele lidaria com sua casa usando de severidade para purificar o fermento da hipocrisia de

Restaurando o MEA (Ministério da Equipe Apostólica) **173**

nossos ministérios de ensino. No final desses dez anos, depois de Deus completar sua ação, humildes e desconhecidos servos novos, copeiros do rei, seriam liberados para servir à mesa do Senhor e receber a impressionante responsabilidade de servir o vinho novo e o pão vivo na presença do Rei (creio que essa palavra, na verdade, tem alcance maior do que dez anos. Descreve a obra purificadora, contínua e progressiva, feita pelo Espírito Santo em nossos dias e na história da Igreja).

Um cumprimento dramático

Pouco tempo depois de dada essa profecia, algo dramático aconteceu, chocando toda a comunidade da igreja e deixando ultrajadas as pessoas sem salvação em todo o mundo. Jim e Tammy Bakker foram indiciados formalmente por fraude. Diversas outras atividades detestáveis também foram expostas publicamente em Fort Mills, Carolina do Sul, sede deste ministério que crescia desordenadamente. O maior desmascaramento, e também o mais danoso, referia-se à hipocrisia espalhafatosa envolvendo dinheiro, atividades sexuais e estilo de vida extravagante, coisas que trouxeram vergonha para o ministério e para o mundo cristão. Só menciono o fato de olho na instrução, como verificação da profecia de Bob Jones, não para apontar o dedo nem para criticar quem quer que seja. Deus sabe que cada um de nós precisa de sua misericórdia.

O desmascaramento e a punição públicos dos Bakkers se tornaram um símbolo da obra purificadora que Deus está realizando em toda a Igreja. Os dez anos se passaram, e essa purificação

174 A ARTE PERDIDA DA INTERCESSÃO

continua. Mas algo a mais entrou em cena no começo de 1994, quando Deus derramou seu Espírito sobre uma pequena igreja no fim da pista de um aeroporto em Toronto, no Canadá, e em muitos outros lugares. Um vinho novo estava sendo derramado à medida que o Senhor recomeçava a liberar seus pequenos servos para servir vinho novo e pão vivo na presença do Rei.

Outro marco veio exatamente no fim do período de dez anos profetizado por tantos vasos de Deus: Jimmy Bakker foi solto da prisão. Isso, em si mesmo, foi uma proclamação profética de que o Senhor pretende trazer de volta os infiéis ao "reservatório de seu propósito". Durante esse mesmo período, o Espírito Santo abriu minha compreensão. Certa tarde, eu observava meus filhos brincando nos balanços do quintal. Repentinamente, tive uma visão sobreposta a uma cena natural. Tendo a dimensão extra da visão espiritual ativada, vi um homem adulto descendo o escorregador. Ele estava de costas, descendo de cabeça. Nessa visão, o homem desceu e caiu em uma piscina redonda no fim do escorregador das crianças. Imediatamente roguei: "O que isso quer dizer?".

Prontamente veio a resposta: "Restaurarei os homens que me deram as costas no reservatório do meu propósito". Um dos primeiros sinais de que uma colheita grandiosa está vindo, e vem sobre nós, é que os filhos pródigos estão voltando para casa, vindo de todos os lugares. Eu me alegro muito de ver Jim Bakker como um homem restaurado, humilde, no meio de um povo de restauração, proclamando a misericórdia e a graça de Jesus Cristo. Que os pródigos voltem para casa.

Restaurando o MEA (Ministério da Equipe Apostólica)   175

Na década de 1980, diversas vozes proféticas profetizaram um reavivamento grandioso que estava por vir, e ainda está por vir: "E os estádios ficarão lotados, uma geração sem rosto (pequeno servos) surgirá. Jesus será magnificado à medida que os estádios estiverem repletos de curas e milagres e os mortos ressuscitarem". Trata-se de um reavivamento veloz, de larga escala, e da colheita que só pode ser descrita como um Despertamento Grandioso em nossa terra. Foi necessário ter muita coragem para proclamar uma profecia como essa na década de 1980. Hoje é mais fácil, pois já vimos pessoas em fila, às 4 da madrugada, só para participar de cultos noturnos de reavivamento em diversos lugares e continentes ao redor do mundo. Mas uma onda, *uma onda com a força da maré*, da presença de Deus está prestes a quebrar sobre nós.

Um dos primeiros sinais de que uma colheita grandiosa está vindo, e vem sobre nós, é que os filhos pródigos estão voltando para casa, vindo de todos os lugares.

Quando Deus soltou as amarras de seu Espírito em janeiro de 1994, foi como se a "rolha" saltasse da garrafa. O vinho novo começou a brotar abundantemente em todo o povo de Deus. Eu estava, no mês de setembro, em Indianápolis, na Indiana, ministrando em uma conferência com David Fitzpatrick, meu cooperador de intercessão. Era o dia seguinte ao Dia do Perdão daquele mesmo ano quando Deus começou a falar comigo. O que ouvi lá está intimamente ligado aos eventos que ocorreram durante esse período de dez anos de purificação.

176 A ARTE PERDIDA DA INTERCESSÃO

"É hora de começar"

Estava dormindo, sozinho em um quarto totalmente escuro, quando fui acordado pela voz do Senhor. Foi uma experiência incomum. Parecia que um anjo tinha tocado um trompete que ressoou no quarto e me acordou. Sentei-me imediatamente na cama e senti aquilo que só consigo descrever como "a presença do destino" no meu quarto. Um anjo enorme agora estava em pé na ponta da minha cama. O relógio digital marcava 2h02. Quando me sentei na cama, fiquei imerso na presença palpável do destino durante os trinta minutos que se seguiram. Mas fui acordado quando ouvi estas palavras: "É hora de começar".

O anjo era o que se pode considerar um "anjo de aparência padrão". Ele estava vestido de branco, tinha asas e consegui ver mãos debaixo das asas. A mão debaixo de uma das asas aparecia segurando uma taça verde cheia de óleo novo (achei isso maravilhoso, pois isso instantaneamente trouxe os Salmos 92.10 à minha mente, que diz: "Tu aumentaste a minha força como a do boi selvagem; derramaste sobre mim óleo novo".

O Senhor está distribuindo óleo novo em nossos dias. Se você carrega um ranço e tem necessidades, peça a ele para derramar um pouco de sua unção em cima de você agora, bem agora. Simplesmente expresse sua fome, desejo e necessidade ao mesmo tempo que declara: "Aqui, Senhor! Bem agora. Lembre-se de mim".

Eu estava observando o anjo segurando a taça verde contendo óleo novo e, de repente, ele saiu do quarto fazendo um barulho agudo. Então olhei para o canto do quarto e vi uma garrafa.

Restaurando o MEA (Ministério da Equipe Apostólica) **177**

A parte esquisita é que em seu rótulo estava escrito "Crisco Oil". Minha mente, de fato, estava trabalhando nessa questão e, apesar de não ter dito nada em voz alta, eu estava pensando *Ó Deus, por que sempre fazes isso? Por que o profético sempre precisa ter alguma coisa de parábola?*

De repente, "vi a luz", e disse a mim: *Sim, agora vejo: Jesus Cristo, o **Christos**, o Ungido*. Deus estava dizendo que a unção representada pelo óleo não estava sendo derramada apenas sobre um homem: a unção era para a *Cristos Company*, a "ChrisCo". Ele estava liberando seu óleo para uma companhia inteira de pessoas para que elas apareçam no poder e na glória dele.

É tempo de surgir um reino de mordomos fiéis. É tempo de as taças contendo óleo produzido nas garrafas verdes que simbolizam a tribo sacerdotal dos levitas — que representa seu povo intercessor, seu povo de louvor, o povo de sua presença radiante — levantar-se, surgir conquistando e para conquistar.

Continuei olhando fixamente para essa garrafa verde de óleo que tinha entre 30 e 45 centímetros de altura, e para as dúzias de anjos que começaram a voar para destinos desconhecidos. Alguns carregavam taças do óleo de ungir, outros carregavam garrafas de vinho novo, e todos eles faziam o mesmo barulho agudo antes de partirem. A visitação durou cerca de meia hora.

A experiência me ensinou a não negligenciar nenhum detalhe de uma visão, nem mesmo os pontos menores ou aparentemente sem consequências. Perguntei ao Senhor: "E quanto ao 202?". Eram 2h02 no relógio digital quando a visitação teve início. Ele fez gotejar na minha mente Cântico dos Cânticos e o livro do

178 A ARTE PERDIDA DA INTERCESSÃO

Apocalipse. Acendi a luz e abri minha Bíblia para ler: "Como um lírio entre os espinhos é a minha amada [...]" (Cânticos 2.2), e a passagem em Apocalipse 2.2 que elogia a igreja de Éfeso por seus atos, pelo trabalho árduo e perseverança e por testar os apóstolos para ver se são verdadeiros ou falsos.

Os dons de Deus operando à parte do caráter de Deus são a prescrição para a catástrofe. Apesar disso, Deus cuida do assunto fazendo períodos de purificação e de poda. Agora, estamos recebendo um chamado renovado para voltarmos ao serviço. Se tudo der certo, seremos mais sábios, humildes e puros do que éramos antes da dolorosa aflição.

Isso me lembrou do período extenuante de dez anos que tantos cristãos tinham suportado em uma "terra árida". Finalmente ele trouxe a cura para o tédio espiritual que tinha se alojado na Igreja. Ele estava nos chamando de volta para a real mesa de banquetes, trazendo seus mordomos, pequenos servos, taças transbordantes do óleo da alegria e da unção, garrafas sacerdotais de vinho novo, de alegria e de renovação vindas do Senhor.

Recebendo a apreciação de Deus

Embora muitos cristãos (inclusive eu) às vezes sintam que estão se segurando pela pontinha dos dedos, o Senhor vê de uma perspectiva diferente. Ele está bem ciente das condições desérticas que suportamos, mas ele diz àqueles que aguentaram e prosseguiram: "Eu os abençoo por sua perseverança piedosa.

Restaurando o MEA (Ministério da Equipe Apostólica) **179**

Digo-lhes que vocês são como um lírio entre os espinhos. Vocês são meus queridos, minha Noiva". Agora, ele está liberando garrafas novas de vinho e a unção renovada de sua presença grandiosa sobre nós.

As poucas palavras que recebi de uma voz naquele dia simplesmente declararam: "É hora de começar". Depois de refletir nessas palavras durante vários meses, comecei a ver que Deus, de certa maneira, tinha nos colocado em "pausa" porque, como Igreja, a profundidade de nosso caráter simplesmente não correspondia ao nível de nossos dons. Os dons de Deus operando à parte do caráter de Deus são a prescrição para a catástrofe. Apesar disso, Deus cuida do assunto fazendo períodos de purificação e de poda. Agora, estamos recebendo um chamado renovado para voltarmos ao serviço. Se tudo der certo, seremos mais sábios, humildes e puros do que éramos antes da dolorosa aflição.

Depois daquilo, sonhei com um pintor, como Michelângelo, pintando o braço do Senhor descendo das nuvens. Então, vi a mão e o braço de um homem subir da terra. Os dois estavam quase se tocando. Notei que havia um "bastão" na mão do Senhor quando seu braço se estendia do céu para a terra. Percebi que o Senhor estava colocando esse bastão na mão do homem enquanto este estendia o braço na direção do céu. O bastão representava os quatro "padrões do coração" concedidos a Mike Bickle em uma revelação profética separada, e também a muitas outras pessoas. Estes são os quatro padrões do coração:

1. Oração de dia e de noite.

2. Doação extravagante.

180   A ARTE PERDIDA DA INTERCESSÃO

3. Santidade de coração.

4. Fé resoluta (ou eficaz).

Esse sonho ilustrou o anseio de Deus de confiar uma vez mais às mãos de seu povo cordões do coração, os cordões de pureza e devoção, superação e misericórdia. Essas promessas nunca foram feitas ou liberadas para apenas um corpo, uma cidade, uma denominação, nem mesmo para uma "corrente" no Corpo de Cristo. Esses princípios e promessas fundamentais são declarações proféticas do coração de Deus para toda a Igreja, o Corpo de Cristo. Deus estava declarando depois de um longo período de seca: "Restaurarei a oração de dia e de noite. Restaurarei a doação extravagante. Restaurarei um povo puro e santo de coração. Restaurarei a fé eficaz entre meu povo".

O braço do Senhor

Comecei a procurar na Bíblia referências ao "braço do Senhor", e descobri algumas passagens importantes:

> [...] Lembrem-se bem do que o SENHOR, o seu Deus, fez ao faraó e a todo o Egito. Vocês viram com os seus próprios olhos as grandes provas, os sinais miraculosos e as maravilhas, a mão poderosa e o braço forte com que o SENHOR, o seu Deus, os tirou de lá [...] (Deuteronômio 7.18,19)

> Mas eles são o teu povo, a tua herança, que tiraste do Egito com o teu grande poder e com o teu braço forte. (Deuteronômio 9.29)

Restaurando o MEA (Ministério da Equipe Apostólica) 181

Lembrem-se hoje de que não foram os seus filhos que experimentaram e viram a disciplina do Senhor, o seu Deus, a sua majestade, a sua mão poderosa, o seu braço forte. Vocês viram os sinais que ele realizou e tudo o que fez no coração do Egito, tanto com o faraó, rei do Egito, quanto com toda a sua terra. (Deuteronômio 11.2,3)

Por isso o Senhor nos tirou do Egito com mão poderosa e braço forte, com feitos temíveis e com sinais e maravilhas. (Deuteronômio 26.8)

Não foi pela espada que conquistaram a
    terra,
nem pela força do seu braço
    que alcançaram a vitória;
foi pela tua mão direita, pelo teu braço,
    e pela luz do teu rosto,
por causa do teu amor para com eles. (Salmos 44.3)

O Senhor fará que os homens
    ouçam sua voz majestosa
e os levará a ver seu braço descendo
    com ira impetuosa e fogo consumidor,
com aguaceiro, tempestades de raios
    e saraiva. (Isaías 30.30)

Parece que podemos concluir o seguinte: sempre que o "braço do Senhor" alcança nosso mundo restringido pelo tempo e pelo espaço, os sinais e as maravilhas vêm junto, trazendo libertação e uma mostra radiante do poder de Deus. Isaías 52.10 diz: "O Senhor desnudará seu santo braço [...]". Qual é o propósito de sua

182 A ARTE PERDIDA DA INTERCESSÃO

presença, e qual é o propósito dos dons proféticos? Isaías 52.10 diz "[...] a vista de todas as nações, e todos os confins da terra verão a salvação de nosso Deus".

> Quem creu em nossa mensagem?
> E a quem foi revelado o braço do
> SENHOR? (Isaías 53.1)

> Eu fiz a terra, os seres humanos e os animais que nela estão, com o meu grande poder e com meu braço estendido, e eu a dou a quem eu quiser. (Jeremias 27.5)

O "braço do Senhor" é um símbolo que representa força e poder, a demonstração do direito explicitado na Bíblia que Deus tem de disciplinar e libertar. Durante o longo período de ministério na região de Los Angeles, junto com Lou Engle, o pastor de oração da Harvest Rock Church em Pasadena (que à época estava na Califórnia), e com outros amigos fizemos uma expedição para orar em pontos determinados. Oramos onde aconteceu o derramamento na Azusa Street, e também em uma casa pequena nas proximidades, onde o Espírito Santo batizou os cristãos antes de o pequeno grupo ir para a Azusa Street. Depois nos dirigimos para um local chamado Pisgah, que foi outro centro de renovação pentecostal.

Conclamando o braço do Senhor

Por fim, visitamos o Angelos Temple, onde foi fundada a Igreja do Evangelho Quadrangular, iniciada por Aimee Semple McPherson na década de 1920. Aquela igreja e o ministério de

Restaurando o MEA (Ministério da Equipe Apostólica) 183

Aimee Semple McPherson foram muito poderosos naquela época. Depois fomos a uma área pequena onde há um museu, e lá examinamos alguns documentos em exposição. Nosso excelente anfitrião levou nossa trupe de oitos pessoas direto para o auditório a fim de orarmos.

Tendo chegado ao auditório e nos ajeitado para orar, nosso anfitrião nos deixou a sós naquele lugar incrível. Vimos um belo piano de cauda no palco. Alguns mencionaram que Aimee Semple McPherson tocava nesse piano em alguns cultos. A essa altura, Marcus Young, um querido amigo missionário tailandês, sentou-se ao piano e começou a tocar em espírito.

Depois ficamos apenas esperando em silêncio na presença do Senhor naquele auditório, que servira de palco e de testemunha de incontáveis milagres, sinais e maravilhas neste século.

Enquanto esperávamos no Senhor, sentei-me em um degrau que levava ao palco, simplesmente me deixando absorver pela presença do Senhor naquele lugar. Por fim, deitei-me no palco. Assim que entramos, ficamos impressionados com a acústica perfeita do auditório. O pé-direito era alto e, no teto, havia um domo. Era possível falar do palco sem usar microfone, e o som ressoava em todo o edifício com clareza total.

Enquanto Marcus tocava o piano, comecei a orar em voz alta ao mesmo tempo que me expunha ao calor da presença de Deus. Então *de fato* comecei a orar, e a profetizar à medida que algo começava a crescer dentro de mim. Fui até um lugar de pronunciamento de profecias e comecei a profetizar:

184   A ARTE PERDIDA DA INTERCESSÃO

Restaurarei o altar sagrado. Restaurarei meu fogo sobre meu altar. Restaurarei. Trarei à luz o braço do Senhor. Liberarei ministérios de restauração apostólica. Restaurarei as quatro faces do meu evangelho. Liberarei as quatro faces das criaturas viventes que circundam meu trono. Que o braço do Senhor se manifeste!

Então profetizei a restauração do evangelho quadrangular: ele reina, salva, batiza e cura. Profetizei também a restauração do MRA (Ministério de Restauração Apostólica). É hora de iniciar os ministérios de restauração apostólica.

O profético põe a mesa

Durante anos, foi profetizado que o profético poria a mesa para o apostólico. Precisamos declarar com ousadia que é hora de começar. Não estou definindo neste livro o que é "apostólico", esse não é meu objetivo aqui. Apesar disso, é hora de os ministérios de restauração apostólica virem à luz.

Continuei orando, profetizando e fazendo pronunciamentos proféticos. Finalmente, disse em voz alta: "Ah, que o altar do Senhor seja restaurado!". De repente, senti o piso se levantar debaixo de mim! Não, não era sonho nem visão, e eu não estava em transe. Um altar começou a surgir do piso, cujas medidas deviam ser 1 metro de profundidade e 2 metros de largura. O altar continuou subindo do chão, e eu continuei profetizando: "O altar do Senhor está vindo. O fogo está vindo sobre meu altar" (estou contando um acontecimento profético que aconteceu de fato).

Um sacrifício vivo

Não pude evitar, senão notar a relevância da minha posição no altar que surgiu enquanto eu profetizava vida e restauração. Segundo Romanos 12.1, Deus está procurando sacrifícios vivos: "Que [vocês] se ofereçam em sacrifício vivo, santo e agradável a Deus; este é o culto racional de vocês". *Nós* somos o sacrifício que agrada a Deus, e é aceitável a seus olhos. Ele tem ciúme de nós e quer nos apresentar, todo nosso ser, em seu altar — com espírito, alma e corpo.

Quando o altar chegou à sua altura máxima, eu meio que deslizei lentamente até o altar ficar bem atrás de mim, e as outras pessoas do grupo ficaram observando. Permaneci naquele lugar fazendo um pronunciamento profético:

> Restaurarei a fama do meu nome grandioso sobre toda a terra. Restaurarei a face quadrangular do evangelho. Restaurarei a verdade de que salvo, batizo e curo. Liberarei minhas quatro faces e minhas criaturas viventes. Porei à mostra meu santo braço direito e arregaçarei as mangas, e meu braço ficará desnudado. Restaurarei o altar antigo. Porei à vista meu santo braço direito.

Provavelmente, as coisas terminarão de maneira diferente daquela que esperamos hoje, mas o Senhor soprará ensino profético e apostólico renovados, além de revelação quanto à antiga disciplina da oração feita dia e noite. Ele liberará uma nova compreensão da contribuição financeira extravagante e um novo lugar de santidade de coração. O fogo de Deus é um

186 A ARTE PERDIDA DA INTERCESSÃO

fogo consumidor que pode fazer desaparecer o câncer e convencer homens de sua pecaminosidade.

Ministério de restauração apostólica

O que é o braço do Senhor? É uma representação da força e do poder do Senhor. É a demonstração da capacidade que Deus tem de disciplinar e de libertar. É provável que seu braço se refira aos ministérios de restauração apostólica, ou de equipe apostólica, nesse grande reavivamento. Sendo ainda mais preciso, o braço do Senhor se refere ao próprio Jesus Cristo: "O Senhor desnudará seu santo braço". Como sabemos, isso não se refere a nós. Não diz respeito a homens e mulheres com unção. Trata-se apenas de Jesus, o Cordeiro Sacrificial recebendo a recompensa de seu sofrimento. Vamos manter o foco no lugar certo.

Isso não diz respeito a nós. Refere-se a Jesus Cristo, nosso Messias maravilhoso, nossa Majestade transcendente.

O que é o braço do Senhor? É uma representação da força e do poder do Senhor. É a demonstração da capacidade que Deus tem de disciplinar e de libertar. É provável que seu braço se refira aos ministérios de restauração apostólica, ou de equipe apostólica, nesse grande reavivamento.

É uma referência ao poder de sua presença grandiosa. Se você se lembra, mencionei como Deus me disse certa vez: "Vou ensiná-lo a usar a maior arma da batalha espiritual. Vou ensiná-lo a usar a radiância da minha presença grandiosa". Qual é a maior arma da batalha espiritual? É o próprio Deus.

Restaurando o MEA (Ministério da Equipe Apostólica) 187

O Senhor está buscando pessoas quebrantadas. Ele está buscando um povo humilde ao qual se pode confiar o tesouro de Deus, pois esse povo sabe que isso não diz respeito a eles, e sim a Jesus. De acordo com Salmo 110.2, o Senhor busca um povo para colocar-lhe nas mãos o cetro de autoridade real, e para dominar sobre os inimigos que serão expulsos de Sião (a habitação da presença de Deus). Que a "equipe A" dê um passo à frente. Que o braço forte do Senhor seja estendido. Está na hora de um povo sem rosto emergir, uma geração de serviçais humildes cuja paixão é exaltar esse Homem, Deus e Rei — Cristo Jesus, o Senhor.

Declaro que chegou a hora do MEA, de o ministério da equipe apostólica ter início! Usa-me! Quero ver o cristianismo autêntico, apostólico, cobrindo a terra como as águas cobrem o mar. Eu declaro: "Chegou a hora de começar o maior show da terra! É hora de outro grande despertamento. Comecemos aqui. Comecemos agora, no nome grundioso de Jesus!". Amém.

CAPÍTULO 10

O dia da vigília é chegado

*"Restaurarei o instrumento antigo da Vigília do Senhor
que foi usado e será novamente usado para mudar a
expressão do cristianismo na face da terra."*

O capítulo final dessa seção representa a tarefa mais desafiadora deste livro. Por quê? Porque um peso de angústia foi colocado no meu coração para quebrar a maldição vil que sobrepujou e contaminou a Igreja e o ministério desde os dias em que Tiago repetiu os ensinos de Jesus e advertiu os cristãos:

> Sejam praticantes da palavra, e não apenas ouvintes, enganado-se a si mesmos. Aquele que ouve a palavra, mas não a põe em prática, é semelhante a um homem que olha a sua face num espelho e, depois de olhar para si mesmo, sai e *logo esquece a sua aparência.* (Tiago 1.22-24)

Alguns anos se passaram desde que o Senhor me disse: "É hora de começar". Desde então, o fogo de Deus desceu em incontáveis lugares em todo o globo (incluindo lugares que supostamente eram "inexpugnáveis", como Japão e Meca). O peso que sinto é o de despertar os "salvos e redimidos" para lembrá-los de *quem eles são!*

O dia da vigília é chegado

Só então eles passarão a obedecer e, por sua vez, orar pela salvação dos perdidos na grandiosa colheita de Deus. É bastante estranho, mas esse grupo tem se mostrado o mais difícil de alcançar!

Uma vez que Deus colocou em mim um peso de angústia pela Vigília do Senhor em Herrnhut, o local da grandiosa vigília de oração dos morávios, não foi por acidente que ele me mandou tirar sabedoria de um poço enorme, vez após vez, ao longo da minha jornada. O dia da vigília é chegado. As palavras do reverendo John Greenfield, o grande evangelista e escritor morávio, soam hoje tão verdadeiras quanto soaram setenta ou mais anos atrás:

> A oração sempre precede o Pentecoste. O livro de Atos descreve muitas vezes o derramamento do Espírito Santo, mas nunca dissociado da oração. Em nossos dias, os grandes reavivamentos galês e coreano foram precedidos por meses, senão anos, de oração insistente e unida. Daí a importância suprema da reunião de oração, pois é "a casa de máquinas da Igreja".[1]

Nos capítulos anteriores, mencionei que o Senhor me dissera: "Restaurarei o Pentecoste". Muitas pessoas acham que essa afirmação é esquisita ou mesmo herética. "Afinal, o Pentecoste aconteceu uma vez e só aquela vez." Também falei do "segundo Pentecoste" que viria à terra, mas, enquanto finalizava minha pesquisa para este capítulo final, descobri uma maneira melhor de descrever essa obra de Deus: ele está mandando ainda *outro* Pentecoste!

---

[1] **Power From on High or the Two Hundredth Anniversary of the Great Moravian Revival, 1727-1927**. Atlantic City, NJ: The World Wide Revival Prayer Movement, 1927. p. 23.

190 A ARTE PERDIDA DA INTERCESSÃO

Os morávios e muitos líderes supostamente "evangélicos fundamentalistas" creram e oraram pela mesma coisa e a receberam! A única maneira de espalhar o fogo é estar em brasas! A teologia nunca salvou ninguém — somente a experiência pessoal com o Salvador vivo pode fazer tal coisa. A teologia nunca foi o ponto de início de um reavivamento em escala mundial. Seja como for, foi necessária uma revelação nova do Salvador vivo para acender o mundo com um fogo que desce dos céus. Antes de ser possível você participar na Vigília do Senhor, você precisa se oferecer como sacrifício vivo no altar de Deus e permitir que ele o batize novamente em seu fogo santo!

D. L. Moody, um dos mais respeitados evangelistas e líderes da igreja conservadora, disse o seguinte a respeito do Espírito Santo em um dos últimos sermões que pregou na vida:

> Veja como ele veio no dia do Pentecoste! Não é carnal orar para que ele venha novamente e para que o lugar trema. Acredito que o Pentecoste não passou de um exemplo, uma amostra. Creio que a Igreja cometeu um erro terrível de colocar o Pentecoste como um milagre que nunca se repetiria. Eu também achava que o Pentecoste era um milagre que não mais se repetiria. Agora penso que, se olhássemos para o Pentecoste como uma amostra e começássemos a orar, veríamos o antigo fogo pentecostal aqui em Boston.[2]

Deus está restaurando o fogo do Espírito Santo para seu povo, para que *nós* restauremos o fogo da oração em seu altar de incenso

---

[2] GREENFIELD, Rev. John. **Power From on High or the Two Hundredth Anniversary of the Great Moravian Revival, 1727-1927**. Atlantic City, NJ: The World Wide Revival Prayer Movement, 1927. p. 13-14.

O dia da vigília é chegado   191

e liberemos a glória de Deus sobre a terra! Veja os paralelos impressionantes entre o derramar do Espírito Santo sobre as pessoas que oravam em Jerusalém e sobre outro grupo de pessoas de oração dezessete séculos depois em Herrnhut, na Saxônia!

Verdadeiramente, a história da Igreja morávia confirma a doutrina do grande evangelista estado-unidense [D. L. Moody] quanto à necessidade e à possibilidade do batismo com o Espírito Santo. As experiências espirituais dos irmãos morávios dois séculos atrás guardam uma semelhança impressionante com o poder e resultados do Pentecoste nos dias dos apóstolos.

Se juntarmos os cristãos em Jerusalém e em Herrnhut, a soma seria menos do que 300 almas. Em termos humanos, as duas congregações estavam inteiramente livres da influência, da sabedoria, da riqueza e do poder mundanos. Seus inimigos os chamavam de "toscos e ignorantes". O melhor amigo que tinham os descreveu usando as seguintes palavras:

"Irmãos, pensem no que vocês eram quando foram chamados. Poucos eram sábios segundo os padrões humanos; poucos eram poderosos; poucos eram de nobre nascimento. Mas Deus escolheu o que para o mundo é loucura para envergonhar os sábios, e escolheu o que para o mundo é fraqueza para envergonhar o que é forte. Ele escolheu o que para o mundo é insignificante, desprezado e o que nada é, para reduzir a nada o que é, a fim de que ninguém se vanglorie diante dele" (1Coríntios 1.26-28).

Nessas duas congregações pequenas e débeis, Deus derramou seu Espírito Santo e os revestiu com poder vindo do alto. Imediatamente os cristãos, naturalmente tímidos e temerosos, foram transformados em evangelistas flamejantes. Parece que o conhecimento e o poder sobrenaturais tomaram conta deles.

192 A ARTE PERDIDA DA INTERCESSÃO

"Palavras e sabedoria" foram concedidas a eles para que "nenhum dos seus adversários fosse capaz de resistir a eles ou contradizê-los".[3]

O mesmo Deus que engendrara os milagres em Jerusalém e em Herrnhut nos anos 1700 parece determinado a fazer o mesmo em toda a terra antes do encerramento do milênio! Deus não está interessado em "assentimento corporativo" como princípio do reavivamento — ele exige rendição e compromisso pessoais, e culto totalmente entregue à oração e ao testemunho público de sua glória!

Quando o povo de Deus ousa se render ao Espírito Santo de Deus, para então viver vida de oração contínua e consagrada, exibirá uma alegria contagiante que continuamente atrairá o perdido em ordenações divinas de destino. Um editorial no *Wachovia Moravian* descreveu um "morávio típico" influenciado pelo derramar pentecostal daqueles dias:

> Muitas gerações atrás, houve uma condessa que levou uma vida que o mundo chama de jovial e alegre. Com uma posição social elevada, ela mantinha amizade íntima com reis, imperadores e príncipes. Ela era um bem-vindo centro de atenções nas danças e nas festividades por causa de seus talentos notáveis e conversa espirituosa. Ainda assim, ela se afligia com uma melancolia incurável. Suas distrações e diversões já não a satisfaziam, e tudo que tinha diante e em torno de si parecia de fato sombrio.

[3] GREENFIELD, Rev. John. **Power From on High or the Two Hundredth Anniversary of the Great Moravian Revival, 1727-1927.** Atlantic City, NJ: The World Wide Revival Prayer Movement, 1927. p. 16-17.

O dia da vigília é chegado

Por causa do antigo costume de medir os pés dos clientes para fazer-lhes sapatos, um sapateiro humilde da Morávia foi certo dia convidado a entrar em sua presença. Quando abriu a porta, ela ficou impactada pela admirável satisfação contente que brilhava no rosto do sapateiro. Ela o observou com atenção — enquanto ele se ajoelhava para cumprir sua tarefa de fazer as medidas para os sapatos — e ficou profundamente impressionada com a felicidade imperturbada escrita naqueles olhos. Ela acabou dizendo a ele: "Parece que você é um homem muito feliz". "Sim", respondeu ele, "sou feliz o tempo todo". "Você é diferente de mim", disse a senhora nascida em berço de ouro. "Sinto-me tão desprezível quanto qualquer outra pessoa. Você se importaria de me dizer o que o deixa tão feliz?" "Não", disse o sapateiro morávio, "ficarei satisfeito em lhe dizer. Jesus perdoou meus pecados. Ele me perdoa todos os dias e me ama, e isso me deixa feliz em todas as horas".

O serviço foi terminado e o homem foi embora. Mas a condessa ficou pensando naquilo que ouvira. O pensamento a levou à oração, que por sua vez a convenceu de seu pecado, e isso rapidamente a conduziu a uma fé alegre no Salvador daquele sapateiro. Ela se tornou uma testemunha de Cristo entre as pessoas da nobreza, especialmente na corte do imperador da Rússia, Alexandre I, seu amigo íntimo.[4]

A intenção de Deus

Matthew Henry escreveu: "Quando Deus tem a intenção de distribuir misericórdia a seu povo, a primeira coisa que faz é

---

[4] GREENFIELD, Rev. John. **Power From on High or the Two Hundredth Anniversary of the Great Moravian Revival, 1727-1927**. Atlantic City, NJ: The World Wide Revival Prayer Movement, 1927. p. 54-55.

194 A ARTE PERDIDA DA INTERCESSÃO

colocá-los para orar".[5] Deus pretende cobrir a terra com sua glória, junto com um dilúvio de misericórdia e graça. Mas antes Deus precisa acordar o gigante adormecido, a Igreja. É hora de você e eu fazermos o mundo tremer por Cristo, tendo como base nossos locais de oração eficaz! Já não podemos nos dar ao luxo de ouvir a palavra urgente do Senhor e nos afastarmos passivamente. O chamado permanece o mesmo, seja qual for o título escrito na placa da porta do local de culto a forma pela qual ela estiver decorada.

Sou impulsionado no espírito a instar que você ore. Depois de ministrar a mensagem sobre "A Vigília do Senhor" em Mobile, no Alabama, voltei para casa e descobri que tinha recebido pelo correio um quadro muito bonito, já emoldurado. A pessoa bondosa que me deu o presente não fazia ideia do efeito que ele exerceria em mim. Pessoalmente creio que o quadro constitui a *mais elevada palavra profética* que já recebi na vida! É uma obra de proporções monumentais bem diante de meus olhos.

O quadro descreve uma grande cidade circundada por um muro de proteção. Uma colina se eleva em um dos lados e, sobre essa colina, encontram-se centenas de invasores montados a cavalo. Há também um vigia sobre o muro — *um vigia que caiu no sono*. A trombeta normalmente usada para avisar da aproximação do perigo jaz inútil ao lado do vigia entregue ao sono. Enquanto isso, o inimigo se aproxima cada vez mais da cidade sem defesas.

[5] GREENFIELD, Rev. John. **Power From on High or the Two Hundredth Anniversary of the Great Moravian Revival, 1727-1927**. Atlantic City, NJ: The World Wide Revival Prayer Movement, 1927. p. 23.

O *dia da vigília é chegado*   195

Quando abri o embrulho desse quadro, pensei: *Senhor, isso é lindo. É um belo presente.* Depois li o versículo escrito na parte de baixo da cena, e repentinamente perdi a empolgação de antes. O versículo era Ezequiel 33.6 (*ARA*), que diz: "Mas, se o atalaia vir que vem a espada e não tocar a trombeta, e não for avisado o povo; se a espada vier e abater uma vida dentre eles, este foi abatido na sua iniquidade, *mas o seu sangue demandarei do atalaia*".

Evito usar esse trecho das Escrituras de maneira legalista ou condenatória, mas esse versículo fez a "sobriedade de Deus" calar fundo em mim. Sei que sou chamado para ser sentinela do Senhor. Não quero ser o cumprimento do fracasso pintado naquele quadro. Jesus nos advertiu 11 vezes para vigiarmos, estarmos alertas, acordarmos e atentarmos para que ninguém nos engane. Um número excessivo de cristãos parou de ouvir e de se importar.

Deus está chamando seus sentinelas — todos os santos lavados no sangue, todos os reis e sacerdotes redimidos — em grupos de dois ou três para irem juntos até o muro. "Ele está conclamando os instrumentos antigos para trazer salvação para nossa geração. *Você acredita que ossos secos podem voltar à vida?*

Jesus nos advertiu 11 vezes para vigiarmos, estarmos alertas,
acordarmos e atentarmos para que ninguém nos engane.
Um número excessivo de cristãos parou de ouvir e de se importar.

Creio que os ossos secos *voltarão* à vida. Creio que o mesmo Espírito, aquele que cumpriu as promessas de Deus durante gerações no passado, está nos esperando para entrar no Santo dos

196 A ARTE PERDIDA DA INTERCESSÃO

Santos de nossa época e geração. Só existe um caminho pelo qual seguir se você creu na mensagem deste livro: você precisa ser possuído (não feche a mente nem este livro — esse conceito é bíblico!). Deus quer possuí-lo com seu Espírito da mesma forma que possuiu Gideão!:

> Mas o espírito de Jeová tomou posse de Gideão, que tocou o alarme; congregou-se Abiezer após ele. (Juízes 6.34, *TB*)

Deixe-se possuir!

Deus está esperando por um povo que se deixe possuir. Ele quer um povo que literalmente se revista do próprio Deus, e que soe a trombeta com ousadia santa como sentinelas no muro. Você está disposto a deixar-se possuir? Você está pronto para uma mudança radical de vestimentas?

Sempre gostei de Gideão porque, de fato, consigo me identificar com ele. Ele estava cuidando da própria vida e trabalhando nos campos quando alguém (um anjo do Senhor) lhe deu um tapinha nos ombros e disse: "Ei você, poderoso homem de coragem, Deus quer usá-lo".

Posso imaginar Gideão olhando em volta e dizendo: "Raios! A quem você está falando estas coisas, meu camarada?" (veja Juízes 6.11-17). Como aconteceu com Gideão, a análise que Deus faz de nosso potencial é radicalmente diferente da análise que nós fazemos. Deus está procurando um povo que compreenda como é pequeno e como Deus é grandioso. Depois disso, ele simplesmente faz o que adora fazer: vira a mesa sobre todos os que são do contra, possuindo-nos e habitando em nós.

O dia da vigília é chegado 197

O pai de Gideão não era um homem correto porque tinha construído lugares altos em honra a ídolos e deuses falsos. Todos os que viviam nos arredores iam até esse lugar para praticar rituais demoníacos de idolatria. Da mesma maneira, nosso país não pode mais ser chamado de "nação cristã" porque nos viramos para os ídolos do eu, do prazer pessoal e da rebelião. Apesar disso, o Espírito do Senhor deu a Gideão a tarefa de destruir os lugares altos que seu pai tinha construído! Gideão decidiu obedecer à ordem do anjo, mas ele estava pensando consigo: *Não tenho tanta certeza porque você está falando de dividir minha casa.* Ele tinha tanto medo da reação de seu pai diante da destruição dos lugares altos que fez isso de noite.

A tentativa desastrada de Gideão de esconder o que fizera não funcionou, evidentemente porque um dos dez homens que o ajudaram decidiu contar tudo (veja Juízes 6.29). Quando os raivosos adoradores de ídolos confrontaram o pai de Gideão, Joás, ele disse profeticamente: "*Se Baal fosse realmente um deus, poderia defender-se quando derrubaram o seu altar*" (Juízes 6.31b). Embora a intenção de Joás com sua fala fosse amaldiçoar os culpados, ela definiu um critério de verdade semelhante à confrontação entre Elias e os sacerdotes de Baal quando o fogo de Deus consumiu todos esses sacerdotes, além do altar ensopado de água e sacrifício. Nas tradições antigas daquela época, entendia-se que qualquer que ousasse quebrar a maldição seria penalizado com a própria vida.

Gideão enfrentou problemas graves naquele dia. Talvez você esteja enfrentando obstáculos na vida que fazem o comprometimento com o chamado do Senhor parecer impossível, ou até mesmo uma tentativa de suicídio. O Senhor incansavelmente procura um povo que passe por cima de mentalidades estreitas, inseguranças e medos e lhe dê permissão de assumir o controle. Quando você permitir que Deus o envolva, quando você "se revestir de Cristo", terá uma perspectiva totalmente diferente dos obstáculos que o perturbam hoje. Um número excessivo de cristãos tem medo de sair da zona de conforto e de se aventurar em lugares que o mundo (e muitos cristãos) chama de "radical demais".

O sistema de recompensa de Deus

Deus tem uma recompensa para pessoas que ousam sair do limbo da fé e simplesmente prosseguir. Gideão teve sua recompensa. Ele fez as contas de quanto custaria obedecer à ordem de Deus. Ele teve de enfrentar um medo paralisante de receber retaliações caso ousasse se levantar contra a casa de seu próprio pai. Gideão contou os custos e mesmo assim alinhou-se com a obediência a Deus. Ele ainda era bastante "humano" e fez o que precisava na escuridão da noite, mas a questão é que ele obedeceu. Tendo dado o primeiro passo, a Bíblia diz que ele cresceu em força. Ele ficou mais forte!

Veja o que acontece com o homem que dá um passo à frente para ter "mais" de Deus em sua vida. A Bíblia diz: "Mas o espírito de Jeová tomou posse de Gideão, que tocou o alarme; congregou-se Abiezer após ele" (Juízes 6.34, *TB*).

Muitos anos atrás, participei de uma conferência de oração no Canadá, pouco depois de ter passados três meses inteiros buscando a Deus. Muitos daqueles dias foram preenchidos por orações em línguas durante quatro a seis horas por dia. Era a primeira vez

O dia da vigília é chegado   199

que saia em viagem depois de três meses recluso em oração. Fui a um lugar de oração lá no Canadá, e o Espírito Santo iluminou esse versículo em Juízes 6. Ele inclinou meu coração a ler a passagem em uma determinada versão.

Como costuma acontecer quando intercedo arduamente, estava sentado no chão do cômodo. Quando li Juízes 6.34 na versão indicada pelo Senhor, uma Bíblia da minha esposa, fiquei pasmo com estas palavras: "Mas o espírito de Jeová *tomou posse de Gideão*, que tocou o alarme; congregou-se Abiezer após ele" (Juízes 6.34, *TB*).

Receba do Senhor uma palavra para que você *seja possuído*. Ouvimos muitas conversas sobre pessoas possuídas por um demônio, mas tenho algo chocante a lhe dizer: *Deus está à procura de pessoas que ele possa possuir*. Ele quer fazer mais do que nos ter juridicamente como sua propriedade, pois ele nos comprou com seu sangue. Ele também quer passar pela experiência de *nos ter*. Não sei quanto a você, mas eu quero ser possuído por Deus e estar com Deus.

Ouvimos muitas conversas sobre pessoas possuídas por um demônio, mas tenho algo chocante a lhe dizer: Deus está à procura de pessoas que ele possa possuir.

Quero literalmente ser revestido por ele. Insisto com veemência para que deixe Deus vir sobre você, para que você seja um possuído de Deus.

Veja as evidências bíblicas. Quando o Espírito do Senhor veio sobre Gideão, ou o possuiu, ele foi transformado em um

200   A ARTE PERDIDA DA INTERCESSÃO

novo homem! Ele já não era apenas um homem insignificante, com a boca cheia de desculpas a respeito de quanto sua tribo era pobre. Ele foi possuído por Deus. Ele ousou soar a trombeta e, de repente, para sua surpresa, milhares de pessoas se dispuseram a segui-lo! Em um momento, ele era um fazendeiro em um campo de cevada. No momento seguinte, ele é possuído por Deus e vê 32 mil homens armados aparecerem simplesmente por causa de seu comando, prontos para uma batalha mortal com os midianitas que tinham escravizado os judeus! Aquele dia deve ter sido um grande dia.

Montando a equipe!

A obra transformadora de Deus não terminou aí. Ele tinha a pretensão de levantar um líder de verdade, não um herói de uma vitória só, um herói que logo seria esquecido. Quando desceu para examinar as tropas recém-formadas por Gideão, Deus lhe disse: "Então, meu amigo, tem gente demais aí. Na verdade, tem tanto soldado com você que, *se você vencer*, os homens vão olhar-se e dizer 'fui eu que venci' ".

> E o SENHOR disse a Gideão: "Você tem gente demais, para eu entregar Midiã nas suas mãos. A fim de que Israel não se orgulhe contra mim, dizendo que sua própria força o libertou, anuncie, pois, ao povo que todo aquele que estiver tremendo de medo poderá ir embora do monte Gileade". Então vinte e dois mil homens partiram, e ficaram apenas dez mil. (Juízes 7.2,3)

Essa cena é semelhante às provas públicas de recrutamento do Los Angeles Lakers ou do Chicago Bulls, times de basquete profissional.

O dia da vigília é chegado 201

Um número muito grande de pessoas respondeu ao chamado de Gideão, mas somente um terço passou pelo primeiro corte, pois estavam com medo. Mais de dois terços da multidão milagrosa de Gideão foi para casa (essa estatística provavelmente seria válida hoje).

> Mas o SENHOR tornou a dizer a Gideão: "Ainda há gente demais. Desça com eles à beira d'água, e eu separarei os que ficarão com você. Se eu disser: Este irá com você, ele irá; mas, se eu disser: Este não irá com você, ele não irá".
>
> Assim Gideão levou os homens à beira d'água, e o SENHOR lhe disse: "Separe os que beberem a água lambendo-a como faz o cachorro, daqueles que se ajoelharem para beber". O número dos que lamberam a água levando-a com as mãos à boca foi de trezentos homens. Todos os demais se ajoelharam para beber. (Juízes 7.4-6)

Vinte e dois mil dos soldados que surpreendentemente apareceram para ajudar Gideão estavam com medo. É fácil entender isso. Sobraram 10 mil homens armados para a batalha. Então veio o segundo corte. Deus disse-lhe: "Mande-os até o rio para beberem água. E, Gideão, quero que você preste atenção neles enquanto bebem a água. Todos os que se ajoelharem com os dois joelhos devem voltar para casa. Mas segure todos os que lamberem a água como faz o cachorro. Eu consigo me virar com eles".

Fico me perguntando se Gideão pensou algo como: *Tudo bem, fica assim então, valeu.* Isso não importa, pois as ações de Gideão falaram mais alto. Ele enviou 10 mil homens armados em disparada para o rio por causa de um gole d'água, e 9.700 desses homens com jeito de jogador de futebol se ajoelharam com os dois joelhos e colocaram o rosto na água para se saciar.

202 A ARTE PERDIDA DA INTERCESSÃO

O problema foi que, quando esses camaradas estavam com os dois joelhos em terra e metade do rosto na água, a única coisa que conseguiam enxergar era o próprio reflexo. Menos de um homem em cada dez conseguiu passar pelo corte, deixando Gideão com apenas 300 do exército original de 32 mil homens. Apesar disso, ele se sentiu bem, porque esses homens satisfizeram o principal requisito para se adequar à batalha: "Procure aqueles que lambem a água como um cachorro".

Não sei se você já observou um cachorro comendo ou bebendo, mas eles sempre *vigiam* enquanto comem ou bebem. Eles mantêm um olho na vasilha de água, e o outro olho nas cercanias para ver se alguém se aproxima. O cachorro não se enterra, como se estivesse contido em si mesmo. Para mim isso soa como a mensagem de Jesus nos evangelhos. Quatro vezes ele nos disse: "Não tenham medo" (é o primeiro corte). Quatro vezes ele disse: "Perseverem" (é o segundo corte). Num total de 11 vezes o Senhor nos ordenou o seguinte: "Vigiem" (o requisito final para a batalha, e também o mais importante).

As ferramentas de Neemias

Quando Neemias arriscou tudo para reconstruir os muros de Jerusalém, que estava em território ocupado, repleto de inimigos violentos, a primeira coisa que fez foi colocar vigias nos muros. De fato, todos os que trabalhavam nos muros eram operários e vigias, construtores e soldados. Eles trabalhavam com uma colher de pedreiro em uma das mãos, e com uma lança na outra.

O dia da vigília é chegado　　**203**

Deus rapidamente está colocando as coisas no lugar para edificar sua Igreja em uma obra veloz. Mais uma vez, esse projeto de edificação tem lugar em um território temporariamente ocupado, cercado por inimigos violentos e desesperados. A primeira coisa que Deus está colocando no lugar é "a Vigília do Senhor". Você já passou por dois "cortes". Agora, ele o conduziu até o rio para fazer um teste. Você ficará olhando para si mesmo, para aquilo que tem, e se contentará com o que vê? Ou você receberá avidamente hoje suas dádivas e, atentamente, ficará em vigília para divisar os sinais do Mestre e as maquinações do inimigo?

Quais são as recompensas desses esforços extenuantes? Se você fizesse essa pergunta aos morávios, eles diriam imediatamente: "Ganhar, para o Cordeiro que foi morto, a recompensa de seus sofrimentos". As orações dos "possuídos" são poderosas, mais do que se pode saber. Um historiador alemão, chamado dr. Warneck, escreveu no livro *Protestant Missions* [Missões protestantes]: "Essa igreja pequena [a dos morávios] *originou* mais missões em vinte anos do que toda a igreja evangélica originou em dois séculos".[6]

A obra do Espírito Santo foi tão completa e profunda no povo de Herrnhut que eles, literalmente, começaram a vivenciar, como em um microcosmo, o plano de Deus para sua Noiva sem máculas quando ele retornar! Veja as palavras que John Wesley escreveu depois de visitar Herrnhut em agosto de 1738,

---

[6]　GREENFIELD, Rev. John. **Power From on High or the Two Hundredth Anniversary of the Great Moravian Revival, 1727-1927**. Atlantic City, NJ: The World Wide Revival Prayer Movement, 1927. p. 19.

204　　A ARTE PERDIDA DA INTERCESSÃO

conforme registradas pelo historiador morávio, o reverendo John Greenfield:

> "Deus me deu com liberalidade", escreveu ele para seu ir-
> mão Samuel, "o desejo do meu coração. Estou com uma igreja
> cujas conversas estão nos céus, na qual está a mente que esta-
> va em Cristo, e a qual anda como ele andou". Em seu diário
> ele escreveu: "Alegremente passaria minha vida aqui, mas meu
> Mestre me chama para um trabalho árduo em outra parte de
> sua vinha. Ó, quando esse cristianismo cobrirá a terra, como as
> águas cobrem o mar?".[7]

Em escala mundial

Deus tem a intenção de fazer em escala mundial aquilo que fez mais de duzentos anos atrás entre um grupo dividido de cristãos que tinham históricos bem diversos. Ele vem para levantar uma Igreja, uma nação de reis e sacerdotes, cuja determinação é não saber nada entre os homens além de Jesus Cristo, e este crucificado, cuja teologia se tornou cristologia, e cujo credo se resume a uma palavra: a "Cruz".

Você está disposto a ser "possuído para orar?" Você se entregará como sacrifício vivo hoje mesmo, para que Deus possa revesti-lo de si mesmo e conduzi-lo a uma batalha espiritual pelas almas? Chaves pequenas abrem portas grandes. Aquilo que sobe tem de descer!

---

[7] **Power From on High or the Two Hundredth Anniversary of the Great Moravian Revival, 1727-1927**. Atlantic City, NJ: The World Wide Revival Prayer Movement, 1927. p. 67.

O dia da vigília é chegado   **205**

A chave para a realização e a frutificação pessoais está em uma palavra de importância eterna: "Sim". Você foi comissionado para algo claro: na qualidade de rei e sacerdote purificado pelo sangue de Jesus, seu chamado duradouro é oferecer fogo e incenso de oração, louvor, adoração e intercessão para o Deus Altíssimo, e interceder em favor desta geração perdida e agonizante.

Permita que o Espírito do Pentecoste desça novamente sobre você com toda chama e glória. Encontre aqueles que pensam de maneira semelhante e que também tenham descoberto os segredos e o poder do altar de oração de Deus. Junte-se a um ou dois para fazer pedidos a Deus em harmonia enquanto você restaura a Vigília do Senhor em sua região. Trabalhe com seu pastor, ou membros da igreja, para levantar uma "casa de oração para todos os povos" que verdadeiramente satisfaça o desejo de Deus.

A chave para a realização e a frutificação pessoais está
em uma palavra de importância eterna: "Sim".

Ore pela colheita, pelos trabalhadores da colheita. Busque a face daquele que revelou seu braço direito em Cristo Jesus, e que o redimiu do reino das trevas. Depois disso, faça de coração tudo, qualquer coisa, que ele lhe disser para fazer. Os morávios descobriram o lugar secreto de poder — a oração. Eles também vivenciaram outro segredo da vida cristã eficaz — que *todos os homens e as mulheres* são ministros do evangelho de Jesus, e mordomos de uma esperança sagrada que deve ser propagada em alto som para pessoas feridas em todas as ocasiões. É hora de montar a Vigília do Senhor. É hora de acender o fogo de sentinela e de restaurar a arte

206 A ARTE PERDIDA DA INTERCESSÃO

perdida da intercessão, o antigo instrumento do Senhor, na Igreja do Senhor. Que isso comece agora mesmo!

Uma oração de consagração

Aqui estou, Senhor. Possui-me com tua vida santa. Ensina-me a liberar a maior de todas as armas da batalha espiritual — a radiância de tua presença grandiosa. Que a chama de teu amor ardoroso queime no altar do meu coração. Que haja fogo no meu altar e que ele nunca se apague. Conta comigo. Põe-me na lista dos vigias que ficam no muro. Restaura a arte perdida da intercessão. Restaura o poder e a paixão da Vigília do Senhor. Usa-me no Exército do Fim dos Tempos e coloca-me como intercessor em favor do nome de Cristo. Amém.

Sobre o autor

Jim W. Goll é cofundador da Encounters Network (antes conhecida como Ministry to the Nations) com a esposa, Michal Ann. O casal escreve para a revista *Kiros Magazine* e outros periódicos. É autor de *O poder profético da visão: sonhos e outros domínios*, publicado pela Editora Vida. James produziu diversos guias de estudo, que estão disponíveis no Encounters Resource Center. Jim e Michal Ann têm quatro filhos maravilhosos e moram nas belas colinas onduladas de Franklin, Tennessee.

Esta obra foi composta em *Adobe Garamond* e *Pristina*
e impressa por Promove Artes Gráficas sobre papel
Pólen Natural 70 g/m² para Editora Vida.